DR. MARIO HERGER

TOTSCHLAG-ARGUMENTE

für Anfänger

BOOKS4SUCCESS

Wie Sie erfolgreich jede Diskussion im Keim ersticken

Praxistaugliche Tipps und Tricks des Autors von „Sorry not sorry"

W0175196

Copyright 2022:
© Börsenmedien AG, Kulmbach

Gestaltung Cover: Timo Boethelt
Gestaltung und Satz: Timo Boethelt
Vorlektorat: Jana Siegemund
Korrektorat: Claus Rosenkranz
Druck: CPI books GmbH, Leck, Germany

ISBN 978-3-86470-813-8

Bibliografische Information der Deutschen Nationalbibliothek:
Die Deutsche Nationalbibliothek verzeichnet diese Publikation in der
Deutschen Nationalbibliografie; detaillierte bibliografische Daten
sind im Internet über <http://dnb.d-nb.de> abrufbar.

BÖRSEN MEDIEN
AKTIENGESELLSCHAFT

Postfach 1449 • 95305 Kulmbach
Tel: +49 9221 9051-0 • Fax: +49 9221 9051-4444
E-Mail: buecher@boersenmedien.de
www.plassen.de
www.facebook.com/plassenbuchverlage
www.instagram.com/plassen_buchverlage

Für Sebastian, Darian und Gabriel.
And for May Kou.

INHALT

EINLEITUNG

Ein weiser Mann sagte einst, „Bienen verschwenden nicht ihre Zeit damit, Fliegen zu erklären, dass Honig besser schmeckt als Scheiße".

Klimakrise, Überbevölkerung, Krieg, Hunger, Pandemie, Gendersternchen, Männerschnupfen. Schenkt man den Medien Glauben, dann sind das die größten Probleme der Menschheit. Das ist Pipifax! Diese Probleme, bis auf das letzte, sind keine. Sie sind das Ergebnis des Kerns des eigentlichen Problems, das wir in der vermeintlichen Flut an Problemen so leicht übersehen.

Fragen wir uns nämlich, warum wir vor diesen Krisen stehen, dann landen wir zumeist bei den falschen Antworten. Sind wir in all den Schlamassel durch Kohlekraftwerke geraten? Oder wegen furzenden Kühen, die unser unersättliches Verlangen nach billigem Schnitzel stillen? Oder weil wir in den sozialen Medien jede Zurückhaltung zu Grabe tragen und damit das letzte Bisschen Anstand zum Fenster hinauswerfen? Oder gar wegen der überhandnehmenden politischen Korrektheit, um weiblichen Wählern und sonstigen Sensibelchen ihre Stimmen abzuluchsen?

Papperlapapp! Alles nur Nebelgranaten. Um zu den Ursachen zu gelangen, müssen wir in Grundbegriffen denken, den sogenannten „ersten Prinzipien". Schreiten wir die ganze Kette von der Klimakrise über Kohlekraftwerke zurück zu den Anfängen, dann enden wir bei einem Menschen, der einen Einfall hatte. Wir haben sie dem ersten Neandertaler zu verdanken, der nach einem Blitzeinschlag den brennenden Holzstock aufgesammelt hat und dem die Idee kam, ein Lagerfeuer zu machen. Die erste Idee – und jede weitere, die folgte. Das Stück Fleisch, das er darüber briet, brachte ihn auf die Idee, wilde Kühe zu zähmen. Das Ergebnis: flatulierende Rinderherden. Mit dem wärmenden Feuer in der Höhle kam er auf die Idee, sich der dicken Felljacken zu entledigen. Und was passiert, wenn diese urzeitlichen Nudistencamps zu viel Zeit haben? Die Menschheit vermehrte sich wie Covid unter Ungeimpften. Ein Wildwuchs an

Problemen ist die Folge. Und all das wegen dieses einen Neandertalers, den ein Geistesblitz getroffen hatte.

Ideen liegen allem Übel zugrunde.

Vorschlag, Projekt, Einfall, Überlegung, Gedanke, Inspiration, Geistesblitz, Konzept, Vorhaben, göttlicher Fingerzeig: Ideen hüllen sich in unterschiedliche Mäntelchen, um uns zu überrumpeln. Wie auch immer sie sich kleiden, wir müssen sie erkennen und verhindern. Zugegeben: Die überwiegende Mehrheit der Ideen erblickt nicht das Tageslicht und stirbt von selbst. Die meisten Ideen sind einfach dumm. Sie brauchen kein Zutun, um ihnen den Garaus zu machen. Selbst wenn, dann genügt zumeist ein einfaches „Nein", um ihnen die Luft abzuschnüren. Doch gelegentlich kommt eine Idee durch, wie das eine Spermium zur Eizelle, und dann haben wir den Salat. Diese Idee hält sich nicht nur hartnäckig, sondern teilt sich zuerst in Debatten und dann in Aktivitäten auf, die wachsende Veränderungen bringen und uns letztendlich die großen Krisen aufdrängen, die unser Leben, unseren Planeten und vor allem unsere Ruhe gefährden.

Dieses Buch widmet sich genau diesen hartnäckigen Ideen und liefert Anleitungen, wie man ihnen die Luft abschnürt, die Kehle durchschneidet, die Halsschlagader rausreißt und das Herz durchbohrt. Damit ist aber nicht Genüge getan. Es muss vor den Augen derjenigen passieren, die die Idee hatten, um weitere Ideen im Voraus zu unterbinden. Die vorgestellten Kunstgriffe führen vor, wie Ideen und ihre Schöpfer öffentlich zermalmt werden können.

Das ist bitter notwendig. Es entstand in den letzten Jahren ein Kult, bei dem uns Start-up-Gründer, Hipster, Elon Musk und sonstige Scharlatane einreden wollen, dass Ideen und deren Umsetzung jedes Übel der Menschheit lösen werden. Der süße Sound der Schlangenzungen klingt betörend und zu viele ansonsten kluge Menschen verfallen ihnen regelmäßig, wie es auch schon bei Adam und Eva sowie Eva und der Schlange passierte.

Die Gefahr ist real, denn die Schlagworte „Innovation" und „Disruption" nisteten sich ein und werden als Quacksalber-Werte verkauft. Innovation hier, Disruption da. Heutzutage ist man selbst in Kochbüchern oder Kräuterpfarrer-Magazinen nicht mehr vor diesen Begriffen sicher. Die Hippies, Hipster und sonstigen Übermotivierten infiltrieren selbst altehrwürdige Institutionen und verblenden uns mit ihrer Ideologie, dass nur Änderungen gut seien und Althergebrachtes auf dem Abfallhaufen der Geschichte landen sollte.

Die Menschheit war nicht immer so leichtgläubig. Im finsteren Mittelalter hatten die Stadtväter von Danzig den Klarblick: Sie verweigerten 1586 dem Erfinder des Bandwebstuhls nicht nur ein Patent auf seine Erfindung, sie verurteilten ihn sogleich zum (heimlich herbeigeführten) Tod durch Ertränken, weil sie Angst davor hatten, mit dieser Erfindung würden viele Handwerker arbeitslos gemacht werden[1]. In Hamburg ging man sogar so weit, dass die Räte einen Bandwebstuhl öffentlich verbrennen ließen.

Heute ist es nicht mehr der Bandwebstuhl, sondern Ideen, die sich in modernen Formen von Technologien manifestieren möchten. Der deutsch-amerikanische Investor und Philanthrop Nicolas Berggruen sagte[2]:

[...] es ist nicht die Technologie, die die Welt verändert hat; es sind die Ideen. Und hier ist die Frage, ob die Technologie, sagen wir soziale Netzwerke, wirklich Befähiger sind. Die Idee ist immer noch das Individuum. Und die Idee ist, den Zugang und die Stimmen zu demokratisieren, alle auf die gleiche Stufe zu stellen, aber ein paar Stimmen zu ermächtigen, wiederum aufgrund des Netzwerks. Es ist also dieser Tanz zwischen Technologie und Menschen und den Ideen. Am Ende müssen wir wissen, dass Technologie wirklich nur ein Werkzeug ist, auch wenn einige dieser Werkzeuge selbst zu potenziellen Agenten werden.

Es gibt eine Korrelation zwischen einer Idee und dem Ideenhaber: Der Wert einer Idee ist direkt proportional mit der Intelligenz desjenigen, dem die Idee eingefallen ist. Es wird zur absolut bedrohlichsten Gefahr für die Menschen, wenn man dumme Ideen auch noch dumm anwendet. Der bereits verstorbene Berkeley-Professor Carlo M. Cipolla beschäftigte sich mit Dummheit und definierte fünf Grundgesetze menschlicher Dummheit:[3]

1. **Wir alle unterschätzen immer und unvermeidlich die Anzahl an dummen Personen unter uns.**
2. **Die Wahrscheinlichkeit, dass eine bestimmte Person dumm ist, ist unabhängig von anderen Eigenschaften dieser Person.**
3. **Eine dumme Person ist eine Person, die einer anderen Person oder Gruppen von Personen Schaden zufügt, ohne dabei selbst davon zu profitieren oder die dabei sogar selbst Schaden erleidet.**
4. **Nicht-dumme Personen unterschätzen immer die mögliche Schadensauswirkung von dummen Personen.** Speziell nicht-dumme Personen vergessen jedes Mal, dass zu jeder Zeit, an jedem Ort und unter allen Umständen der Umgang und die Assoziation mit dummen Personen sich immer als teurer Fehler herausstellen wird.
5. **Eine dumme Person ist der gefährlichste Typ von Person. Daraus folgt: Eine dumme Person ist gefährlicher als ein Bandit.**

Wir sind somit geradezu verpflichtet, dumme Ideen von dummen Personen zu massakrieren. Wir bewahren die Menschheit und den Planeten vor schädlichen Auswirkungen. Wir sind die letzte Verteidigungslinie der Zivilisation. Von wem aber können wir lernen, wie wir Ideen abmurksen? Natürlich von den Besten.

Lernen von den Besten

Diskutieren Sie nie am Esstisch, denn derjenige,
der keinen Hunger hat, bekommt immer die
besten Möglichkeiten, seine Argumente vorzutragen.

Richard Whately

Entgegen der weit verbreiteten Meinung müssen wir uns nicht erst auf die beschwerliche Reise ins ferne China machen, um uns in einem entlegenen Bergkloster bei einem Shifu des Totschlagarguments in die Lehre zu begeben. Oder etwa nach Indien gehen, um einem barfüßigen Killerphrasen-Guru zu lauschen. Meistens reicht schon der Blick auf die andere Seite des Ehebetts. Welcher Frau wurde nicht schon mal der Wunsch nach einer neuen Designerhandtasche oder mehr Kuscheln durch ein verbales oder nonverbales Gegenargument des Partners vermiest? Oder einem Mann seine Freude auf den Herrenabend oder den flotten Dreier (ohne Gattin) aus dem Kopf getrieben?

Was, wenn niemand das Bett mit einem teilt? Auch den Singles kann geholfen werden. Einfach mal den Chef um eine Gehaltserhöhung bitten. Die Jüngeren können bei ihren Eltern um einen Taschengeldvorschuss anfragen. Umgekehrt trage man doch mal seinem Nachwuchs auf, den Müll runterzutragen. Solche Flausen im Kopf werden einem sehr rasch ausgetrieben.

Die dialektische Elite findet sich allerdings in den heimischen Ämtern. Das Repertoire, das das Kennerherz schneller schlagen lässt, reicht vom gekonnten Blick über den Brillenrand bis zum ständig griffbereiten Stempelset mit entsprechenden Zurückweisungen – von „Abgelehnt", „Abgelaufen", „Nicht zuständig", „Füllen Sie zuerst mal das Formular dort aus" über „Dafür sind wir nicht zuständig" und „Nur zwischen den Amtszeiten" bis hin zu „Zurück an den Start". Kein Wunder, dass „Mensch ärgere Dich nicht" ein deutsches Brettspiel ist.

Der öffentliche Diskurs scheint eine Renaissance der Vereinfachung zu erleben, wie wir es in den USA, Großbritannien, aber auch in Deutschland erleben. Corona zeigte deutlich, wie sich manche ohne Fakten ereiferten und die Diskussion kaperten. Auch in den USA brauchten die Medien fast vier Jahre, um die in rascher Abfolge von Trump ausgelegten falschen Fährten nicht einfach nur atemlos zu verfolgen, sondern halbwegs eine Strategie zu finden, wie man damit umgeht und die wesentlichen Fragen stellt. Österreich hat diese Erfahrung in den 90er-Jahren mit dem rechten FPÖ-Politiker Jörg Haider gemacht, der die „TTT-Methode" meisterhaft anwandte. „Touch, Turn und Talk": Eine gestellte Frage wird kurz berührt, indem man sie erwähnt und bewertet, dann ein anderes Thema anschneidet und nun hauptsächlich darüber spricht.[4]

Unter den besten Killerphrasen-Ninjas identifizierten Forscher unterschiedliche Typen, die bestimmte – der in den nächsten Kapiteln vorgestellten – Kunstgriffe besonders gern anwenden. Diese Typen können wir wie folgt einteilen:

Der Scharfschütze

Ein Typus, der aus dem Hintergrund durch scharfe Bemerkungen auffällt. Der Scharfschütze ist zumeist wenig sichtbar und oft still, aber im richtigen Moment macht er einen Kommentar, der Luftschlösser schlagartig in sich zusammenfallen lässt. Besonders effektiv ist der Scharfschütze, wenn das Ziel ein niedriges Selbstwertgefühl hat und unsicher ist.

Der Alleswisser

Der heißt nicht nur so, der weiß wirklich alles. Und das macht ihn für neue Ideen so gefährlich. Vor den Augen des Vorschlagenden zerlegt er jeden einzelnen Aspekt der Idee und führt Unmengen an Studien zu jedem davon an. Zu jeder vorgebrachten Studie hat er fünf Gegenstudien parat, jede Zahl wird durch Nachrechnen verifiziert. Dieser Typus ist allerdings sehr rar und muss gut gehätschelt werden, damit er seine volle Wirkung entfalten kann.

Der (vermeintliche) Besserwisser

Jemand, der versucht, sich wie ein Alleswisser zu verhalten, sich aber wegen fehlenden Wissens auf dünnes Eis begibt. Solch ein Totschläger hat nur bei ebenso wenig intellektuell begabten Ideenüberbringern eine Chance, sie zu besiegen. Streut er Zitate von berühmten Persönlichkeiten à la Steve Jobs ein, dann kann er seine Siegeschancen erhöhen.

Der Panzer

Sein Name geht auf die Art zurück, wie der Panzer auf andere Menschen zusteuert. Seinen ausgestreckten Arm hält er wie ein Kanonenrohr auf den Ideenüberbringer zeigend und bringt seine Totschlagargumente vor. Im Gegensatz zu den anderen Typen ist er primär nicht daran interessiert, eine Idee zu killen, sondern die Leute zum Arbeiten zu bewegen. Er ist meistens ein Chef.

Die Fassade

Dieser Typus ist von Angesicht zu Angesicht freundlich, gibt sich verständnisvoll und hilfsbereit, führt sein Tötungshandwerk aber hinter dem Rücken aus. Stets mit einem Lächeln auf den Lippen, ist er umso blutrünstiger, wenn er intrigiert.

Der Ahnungslose

Sich dämlich zu stellen und naiv nachzufragen hat schon so manchen Mörder zur Strecke gebracht und Ideen ertränkt. Man gibt sich blöde, ist es aber nicht. Man täuscht vor, die Idee nicht zu verstehen, hat ihre Gefahr aber sehr wohl verstanden und arbeitet bereits an den Gegenmaßnahmen. Der Ahnungslose wiegt den Ideenüberbringer durch seine gespielte Naivität in Sicherheit.

Der Unterbrecher

Seine Taktik ist es, ohne Rücksicht den eine Idee Vorschlagenden zu unterbrechen, ins Wort zu fallen oder abfällige Bemerkungen zu machen. Diese Taktik hilft, den Vortragenden zu verunsichern. Die ganz gewieften Unterbrecher kapern auch das Argument, indem sie den unterbrochenen Satz weiterführen und ihr eigenes Argument einbringen, das die Idee ad absurdum führt. Mit Regelmäßigkeit erlauben kann sich das nur ein Vorgesetzter, deshalb ist dieser Typus unter ihnen häufig anzutreffen.

Der Jammernde

Einer, der sich ständig lautstark darüber beklagt, dass diese Idee schon mal probiert wurde, dass sie so nicht funktionieren kann und generell vieles einen Eingriff in seine ohnehin schon hohe Arbeitsbelastung bedeutet. Dieser Typus hat es in jahrelanger Kleinarbeit geschafft, dass seine Befindlichkeiten über alles gestellt und berücksichtigt werden.

Der Zyniker

Ein Typus, der ein Auge dafür hat, die vom Ideenhaber und der Idee ausgehende (unfreiwillige) Komik zu sehen, und das auch ohne Zögern die Umstehenden wissen lässt. Damit legt er für alle die Absurdität der Idee offen.

Killerphrasen-Kategorien

Der Philosoph späht eher nach dem Spatz auf dem Dach
als nach der Taube in der Hand.

Reiner Klüting

Dieses Buch ist nicht das erste, das sich mit Totschlagargumenten beschäftigt. Schon die alten Griechen verfassten lange Traktate darüber, gefolgt von den Römern, die es den Griechen nachmachten. Auch Arthur Schopenhauer verfasste vor fast 200 Jahren das kleine, aber feine Büchlein „Eristische Dialektik oder Die Kunst, Recht zu behalten".

Und wie es bei Philosophen üblich ist, erstellen sie Kategorien und erfinden griechische oder lateinische Namen für das Thema, mit dem sie sich beschäftigen. Keine Sorge: Sie müssen nun nicht Ihr Schullatein oder griechische Buchstaben aus den Untiefen der Erinnerung hervorkramen. Dafür haben wir Computer und Viren, die sie mit „Beta"-Software und „Delta"-Varianten für uns auffrischen. Ich möchte aber doch einige der Vollständigkeit halber nennen, bevor wir zu den mit vielen Beispielen bestückten Kunstgriffen kommen, die ich etwas anders, nämlich in Eskalationsstufen eingeteilt habe. Ich führe sie deshalb hier an, damit nachher niemand sagen kann, ich hätte an dieser Stelle mit einigen Killerphrasen spekuliert, die ich zuvor ausgelassen habe.

Das **Ad-hominem-Argument** nimmt keine Rücksicht auf sachliche Argumente, sondern attackiert direkt die Person aufgrund ihrer charakterlichen Eigenschaften.

Bei allem Respekt, du bist ein Trottel!

Beim **Ad-ignorantiam-Argument** gilt Nichtwissen nicht. Wir erklären eine These für richtig, weil sie bislang keiner widerlegen konnte, oder umgekehrt, wir erklären sie für falsch, weil sie bislang nicht bewiesen wurde.

„Gott ist tot", sprach Nietzsche. Als Nietzsche starb, höhnte Gott: „Wer ist jetzt tot?" – Manfred Schröder

Will man nicht ad hominem attackieren, führe man das Verhalten anderer – idealerweise Leuten wie dem rhetorischen Gegner – an, um deren Argument zu entkräften. Das nennt man **Tu-quoque-Argument** oder „auch du". Kehre bitte vor deiner eigenen Tür.

Sie predigen Wasser und trinken Wein, das sollte allen eine Lehre sein.

Andere kann man nicht nur gegen, sondern auch für ein Argument heranziehen. Im **Ad-populum-Argument** legitimiert man sein Argument, indem man auf die zahlreichen anderen verweist, die es auch so machen oder dieser Meinung sind.

Esst mehr Scheiße! 100 Milliarden Fliegen können nicht irren!

Wenn unter den „anderen" ein Prominenter herausgefischt wird, und damit das Argument Bestätigung erhalten kann, dann haben wir es mit einem **Ad-verecundiam-Argument** zu tun. Dieses „auf die Ehrfurcht" bezogene Argument benötigt keinen Prominenten mit Fachwissen, Hauptsache prominent!

Was ein prominenter Dummkopf von sich gibt, gilt beim Volke allemal mehr als das, was ein unbekannter Gescheiter sagt.

– Waltraud Puzicha

Unter einem **Falsches-Dilemma-Argument** wird eine Auswahl verstanden, bei der es nur zwei Optionen gibt. Es gibt hier nur ein Schwarz-Weiß-Denken, keine Graustufen oder Farbschattierungen. Nur eine davon kann ausgeführt werden, die Möglichkeit anderer Optionen ist nicht denkbar.

Bevor wir zum Mars fliegen, sollten wir zuerst Männerschnupfen heilen.

Beim **Strohmann-Argument** gibt man vor, der Idee und den Argumenten des Gegenübers zu folgen. Man drückt sie dann in eigenen Worten aus, um sie einem fiktiven Gegner – nämlich dem Strohmann – zu erläutern, verfälscht und widerlegt dabei aber die Argumente in ihrem eigentlich gemeinten Sinn.

Alle Kreter lügen. Ich lüge, bin aber kein Kreter. Bumm, ich habe recht!

Will man Zusammenhänge konstruieren, die es so nicht gibt, die uns aber dabei helfen, eine Diskussion zu gewinnen, dann können wir uns auf das **Post-hoc-ergo-propter-hoc-Argument** verlassen.

Im Sommer machten wir Urlaub in einem Bauernhaus.
Zuerst sind drei Gänse gestorben, da gab es ein paar Tage nur Gans.
Dann ist ein Schwein gestorben, da gab es nur Schweinsbraten.
Später ist ein Rind gestorben, so gab es dann Schnitzel.
Und dann wurde die Großmutter krank, da bin ich dann gefahren.
– Karl Farkas und Ernst Waldbrunn, „Doppelconférence"

Für die Geschichtenerzähler unter meinen Lesern ist das **Dammbruch-Argument** ein hervorragendes Werkzeug, die eigene Fantasie voll auszuleben. Man macht die Mücke zum Elefanten, indem man die Idee des Gegenübers aufgreift und sich laut die Konsequenzen ausmalt, die mit jedem Schritt an Dramatik zunehmen.

Ich soll noch Milch einkaufen? In der klirrenden Kälte verkühl ich mich sicherlich und während ich nach einem Taschentuch suche, rutsche ich auf einer Eisplatte aus, breche mir das Bein und muss dort hilflos liegen bleiben. Selbst wenn ich mich zur nächsten Kreuzung retten kann, übersieht mich ein Auto, fährt über mich drüber, zerquetscht mir die Rippen, knackst mir die Schädeldecke an und ich ende auf der Intensivstation zuerst im Koma und dann im Leichenschauhaus. Und unsere Kinder wachsen ohne Vater auf, haben kein Geld, um ihre Ausbildung zu finanzieren und müssen mit minderbezahlten Gelegenheitsjobs auskommen. Und das alles nur, weil du Milch für deinen Kaffee wolltest. Ist das wirklich, was du willst?

Uff, jetzt aber zu Schrödingers Kätzch... Pardon ... Killerphrasen. Was das ist, erfahren Sie nun.

Schrödingers Killerphrasen

Wie wir in den nächsten Kapiteln bemerken werden, stellen einige der Kunstgriffe Gegensatzpaare dar. Damit ist der Dualismus gemeint, der uns gelegentlich bei Sprichwörtern, Bauernweisheiten und moralischen Lehren aus Märchen unterkommt.

Gleich und gleich gesellt sich gern. vs. Gegensätze ziehen sich an.

Die rührende Austro-Twitter-Influencerin @*Joanalistin* verglich Aussagen konservativer Politiker zu Frauenarbeit und Familie und zeigte damit die Dualismus-Taktik bei Totschlagargumenten in der aktuellen Praxis auf:

Frauen sind so allgemein der Trottel der Nation. Arbeiten Sie Vollzeit mit Kindern sind sie herzlos in den Augen insbesondere konservativer ÖVP-Wähler*innen; arbeiten sie hingegen „nur Teilzeit" sind sie für den Arbeitskräftemangel in Österreich Schuld laut ÖVP-Regierung.[5]

Aber nun wollen wir keine Zeit mehr verlieren und tauchen ein in die Welt der Totschlagargumente.

KILLERPHRASEN-KUNSTGRIFFE

Zum Thema „Frauen, die sich mit Werkzeugen auskennen":
Denkt daran, in jedem Raum einen Rauchmelder
anzubringen und die Batterien monatlich zu überprüfen.
Eine 10-Watt-Laserdiode, die in eine Hand passt, kann
Bücher, Papiere oder brennbare Einrichtungsgegenstände
durch ein Fenster aus einer Entfernung von einem
Straßenblock entzünden, ohne dass danach ein foren-
sischer Beweis für Brandstiftung gefunden werden kann.
Wenn Männer mir dann sagen: „Ich hätte gern eine
Freundin wie dich!", antworte ich in der Regel: „Aber
würdest du eine Ex wie mich wollen?"

　　　　　　　Naomi Wu alias @RealSexyCyborg auf Twitter[6]

Der Begriff „Kunstgriff" ist bewusst gewählt und deutet den Grad der Könnerschaft an. Manche Kunstgriffe verlangen wenig Übung und können auch von blutigen Anfängern eingesetzt werden. Andere erfordern neben der Wortwahl auch das richtige Timing, die passende Intonation, das geübte Augenrollen, das Schweigen im richtigen Moment, den korrekt gewählten Lachanfall oder die ausreichend abschätzige Handbewegung. Die Koordination zwischen Phrase, gutturalen Lauten und unterstützenden Gesten muss geübt werden. Auch ist zu lernen, wann welcher Kunstgriff zum Einsatz kommen sollte. Für manche Kunstgriffe muss man auf einem bestimmten Treppchen der Hierarchie angelangt sein, um sie effektiv anwenden zu können. Und das bringt uns zu den Eskalationsstufen.

Die Eskalationsstufe ist die Richterskala des Totschlagarguments. Wie stark muss ich die Idee (und ihren Überbringer) schütteln, damit sie zusammenfällt? Haben wir es mit einer Feder zu tun, bei der ein leichter Lufthauch genügt, um sie zu vertreiben, oder müssen wir die nukleare Option wählen, die alles Leben auslöscht und keine Rücknahme des Gesagten mehr erlaubt?

Totschlagargumente haben einen unverdient schlechten Ruf. „Sie demotivieren die Leute." „Sie zerstören Karrieren." „Sie machen aus Leuten Zyniker." Dabei ist genau das Gegenteil wahr. Wir bewahren die Leute davor, sich öffentlich lächerlich zu machen, in ihr Verderben zu rennen und Unschuldige mitzureißen. Die meisten Ideen und Vorschläge sind nämlich Mist. Um ganz genau zu sein: 99 von 100 Ideen sind einfach scheiße. Und die übrig gebliebene Idee ist auch nicht so toll, dass wir sie umsetzen sollten. Je rascher wir sie fallen lassen, desto weniger Schaden wird angerichtet. Wir tun der Welt etwas Gutes.

Eskalationsstufe I:
Nicht darauf eingehen

Furzt da ein Mammut oder wollen die Weibchen mir erklären,
wie man einen Clan führt?[7]

Debatten leben davon, dass Ideen vorgebracht, Argumente für und wider abgewogen und dann Entscheidungen getroffen werden, die zu Handlungen und Ergebnissen führen. Doch was machen wir, wenn das Ergebnis von vornherein klar ist? Wenn es – dank der im Raum versammelten Jahrzehnte an Erfahrung – jedem in die Augen sticht, dass aus der Idee der in unserer Mitte erduldeten Person nie etwas werden kann? Wir beginnen mit den einfachsten Kunstgriffen, die nicht viel Übung benötigen und in einigen Fällen vom Stillschweigen leben, in anderen von der Kraft der eigenen Stimme und in manchen von der überzeugenden Wirkung einer Geste.

Genau betrachtet sind sie allerdings keine Totschlagargumente. Sie sind mehr Totschlagtechniken, weil keine Argumente entgegengehalten werden. Doch wie der Volksmund weiß, kann auch Stille mehr sagen als viele Worte: Schweigen kann ohrenbetäubend sein.

1. Kunstgriff:
Einfach ignorieren

Sprechen heißt urteilen. Schweigen heißt geurteilt haben.

Hans Lohberger

Frauen sind magische Geschöpfe. Sie können zugleich sichtbar und unsichtbar werden. Gesellt sich zu einer Herrenrunde – also praktisch bei jeder Zusammenkunft, wo etwas Wichtiges entschieden wird –

ausnahmsweise mal eine Frau, dann wird sie, als ob ein Scheinwerfer auf sie gerichtet wäre, hochsichtbar. Von den im Raum befindlichen „Mitgliedern" wird sie innerhalb von wenigen Sekunden auf ihre Paarungseignung abgeschätzt. Jeder anwesende Experte kann beurteilen, ob sie nun Körbchengröße D oder C habe oder etwa gar keinen BH trage, und hat eine Meinung dazu, ob er sie von der „Bettkante stoßen" oder doch eher „ins Bett reinholen" würde. Wenn in diesem Moment ein Gorilla durch den Raum laufen, ein UFO vorbeifliegen oder Geld vom Himmel regnen würde, würden es die Herren nicht bemerken.

Bringt sich allerdings dieselbe Frau in die eigentliche Debatte mit ein, passiert etwas Eigenartiges: Sie verschwindet, sie wird unsichtbar, ihre Stimme scheint sich in den Gehörgängen der männlichen Anwesenden zu einem Säuseln im Wind zu verwandeln. Und das Säuseln blendet Mann aus, um sich auf die wichtigen Geräusche zu konzentrieren: die Debattenbeiträge der anderen Männchen. Das Weibchen ist zwar hier, aber doch verschwunden. Es wird wahrgenommen, aber nicht gehört. Es wird mit den Augen genüsslich begrapscht, wird aber für dieselben Augen schlagartig unsichtbar, sobald es den Mund aufmacht.

Das, liebe Leser, ist die hohe Kunst des Ignorierens. Und die gute Nachricht lautet: Männer können das bereits. Sie wenden diesen Kunstgriff jeden Tag bei Frauen an. Er muss nicht erst einstudiert oder geübt werden, wenn man ihn aufgrund eines Debattenbeitrags eines nervigen männlichen Teilnehmers anwenden muss. Er wird bereits beherrscht.

Wie aber, liebe Leserinnen, können Sie sich diesen Kunstgriff aneignen? Indem Sie umgekehrt die Männer genau beobachten. Es hilft dabei ungemein, bei den Herren der Schöpfung die Länge der Ausstattung anhand der Nase abzuschätzen oder sich zu fragen, ob man ihnen im Alter den Sabber aus den Mundwinkeln wischen würde.

Es gibt allerdings bewährtere Kunstgriffe, die Frauen viel besser zugutekommen. Männer haben nämlich die unangenehme Eigenschaft, sich bemerkbar zu machen, auch wenn die Signale deutlich „Verpiss dich!" sagen. Es gibt geeignete Kunstgriffe, bei denen Männer rasch die Flucht ergreifen oder ihre Ideen verwerfen. Diese kommen bislang aber fast ausschließlich in Situationen privater Natur zum Einsatz. Damit meine ich nicht die an unerwünschte Verehrer ohne Umschweife gerichtete Frage „Willst du mir ein Kind machen?", sondern andere Aussagen. Hier bitte ich um Geduld, wir beschäftigen uns damit nämlich beim 45. Kunstgriff: „Wenn du meinst".

2. Kunstgriff:
Ins Wort fallen

Wenn Sie etwas gesagt haben wollen, fragen Sie einen Mann;
wenn Sie etwas angepackt haben wollen, fragen Sie eine Frau.

Margaret Thatcher

Baroness Thatcher of Kesteven, besser bekannt als Margaret Thatcher, wäre ja fast nicht als britische Premierministerin qualifiziert gewesen. Nicht etwa, weil sie kein Studium absolviert hätte. Ein fehlendes Studium mag bei uns für politische Spitzenpositionen genügen, aber nicht in einem richtigen ehemaligen Weltreich. Auch nicht, weil sie etwa keine Führungsqualitäten oder keinen politischen Verstand besessen hätte. Ebenso, dass sie eine Frau war, konnte man ihr nicht mehr so einfach vorwerfen, nach all den Jahren mit Queen Victoria und Queen Elizabeth an der Spitze des Empires.

Was ihr fast den politischen Garaus gemacht hätte, war nichts weniger als ihre Stimme. Hören wir uns ihre bekannte Redeweise und Intonation im Original an, dann bemerken wir eine recht gewogene, tiefe Stimme, die fast schon absurd übertrieben klingen mag. Ihre Sprechweise klang so gar nicht wie dieser ab- und aufschwellende Singsang, der uns bei Gesprächen mit britischen Freunden auffällt. Seit der TV-Serie „The Crown", in der die aus „X-Files" bekannte Schauspielerin Gillian Anderson Thatcher verkörpert, wissen wir, dass die britische Premierministerin in der Frühzeit ihrer politischen Karriere eine ganz andere Stimme hatte. Manche meinten, sie sei schrill und herablassend gewesen, ein Kritiker verglich Thatchers Stimme wenig charmant mit „einer Katze, die [mit ausgestreckten Krallen] über eine Kreidetafel gleitet". Das konnte so nicht weitergehen. Eine weibliche Stimme in der Politik! Sie nahm Stunden bei einem Sprachtrainer, der sie in die Kunst der sonoren Sprechweise einführte. Und eine solche eignet sich hervorragend, um jemandem, der zu viel zu sagen hat, ins Wort zu fallen.

Dieser Ernstfall tritt ein, wenn entweder eine junge Person enthusiastisch Ideen vorbringt und die Gefahr droht, dass zu viele Wellen in der Ruhe des Betriebs erzeugt werden könnten, oder ältere Mitarbeiter in ein Genörgel verfallen, das nicht aufzuhören scheint. Auch und speziell dann, wenn uns wieder mal ein Onkel bei einer Familienfeier erklären will, warum er die AfD super findet. Oder eine Tante zum wiederholten Mal Verschwörungstheorien zum Tod von Prinzessin Diana aufwärmt.

Eine tiefe, sonore Stimme und eine langgezogene Sprechweise beginnen, wie bei einem Dudelsack, sich unter die Melodie zu legen. Die Aufmerksamkeit richtet sich auf den Unterbrecher, der auch deshalb so langsam spricht, damit der Unterbrochene durch sein endloses Gefasel nicht die wichtige Aussage des Unterbrechenden verpasst. Denn die ersten Worte dienen zum Ankündigen der wichtigen Meldung und können somit vollständig inhaltslos sein.

Der ehemalige österreichische Bundeskanzler Bruno Kreisky war wegen seiner langsamen und weitschweifigen Sprechweise berüchtigt. Seine Sätze begann er oft mit „Ich bin der Meinung ...", gefolgt von seiner Meinung, die er dann so raumgreifend vorbrachte, dass sich alle, die er vorher unterbrochen hatte, nicht mehr erinnern konnten, wovon sie vor der gefühlten Ewigkeit eigentlich gesprochen hatten.

In diesem Punkt waren sich Thatcher und Kreisky sehr ähnlich, wenn auch ihre politischen Ansichten gegensätzlicher nicht hätten sein können. Es ist ein Kunstgriff, der sich für Leute in Spitzenpositionen anbietet.

3. Kunstgriff: Nicht zu Wort kommen lassen

Ich habe seit Jahren nicht mehr mit meiner Frau gesprochen.
Ich wollte sie nicht unterbrechen.

Rodney Dangerfield

Bei Krimiserien kann sich das Publikum auf einige immer wiederkehrende Elemente verlassen. In einer zumeist städtischen Umgebung findet die Geschichte in einem Verbrechermilieu statt – und das vorzugsweise in Rotlichtlokalen, wo viel nackte Haut auf roten Samtbänken von der Dürftigkeit des Drehbuchs ablenken soll. Oder alternativ finden wir uns bei den oberen Zehntausend wieder, wo nackte Haut auf teuren Nobelkarossen über die Einfallslosigkeit der Drehbuchautoren hinwegtäuschen soll.

Wo auch immer der Krimi angesiedelt ist, es muss ein Meuchelmord beigemischt werden, ebenso wie ein paar zwielichtige und einfältige Gestalten, aber auch immer zwei Polizisten, die mit ihren gegensätzlichen Charakteren ein klassisches Filmpaar ergeben. Dick und Doof, Simon und Garfunkel, Eichhörnchen und Haselnuss, James und Bond und eben Good Cop und Bad Cop. Der eine gibt vor, des Kriminellen bester Freund zu sein, der andere sein schlimmster Albtraum. Während der Erste dem Gauner eine Zigarette anbietet und ihm verspricht, seine sterbenskranke Mutter vor Prostitution und veganem Essen zu bewahren, bietet ihm der Zweite an, mit Vergnügen seine Fresse zu polieren, auf dass allein des Polizisten bloße Namensnennung ihn seine bisherigen Lebensentscheidungen auf ewig bedauern lassen würden.

Der Good Cop hört zu, der Bad Cop redet selbst am meisten – in Form von Drohungen und Beleidigungen. Wenn also Schweigen nichts hilft, muss die gegenteilige Taktik ran. Anstatt ihn zu ignorieren, erstickt man den Gegner in einem Wortschwall und lässt ihn nicht zu Wort kommen. Das klingt einfach, doch ist es nicht egal, welche Worte dabei benutzt werden. Wichtig ist: Der Wortschwall darf keinen Sinn machen. Er muss verblüffen, verdutzen, verwirren und den Gegner mit der Entwirrung der minutenlangen Tiraden so beschäftigen, dass dieser keine Zeit findet, seine eigenen Gedanken zu ordnen, Argumente zurechtzulegen und Widersprüche zu entdecken.

Der Meister aller Klassen, amerikanischer Fernsehshowstar und 45. US-Präsident, beherrschte das aus dem Effeff. Seine Schachtelsätze, die zwar im Deutschen üblich sind und von manchen als Zeichen von hoher Bildung angesehen werden, sind im Englischen absolut unüblich und verpönt. Nicht nur das, seine Gedankensprünge und Non sequiturs – also Argumente, die er für seine Thesen anführt, die aber Fehlschlüsse sind – vernebeln den klaren Blick derart, dass es einige Zeit braucht, nach Ende der Rede die einzelnen Fäden des Gebrabbels aufzunehmen, zu entwirren, zu verknüpfen, nur um dann herauszufinden, dass man genauso schlau ist wie vorher. Beispiel gefällig? Hier ein 90 Sekunden dauernder Redeschwall, bei dem die anwesenden Journalisten so verwirrt waren, dass sie nachfolgende Fragen vergaßen.[8]

Schauen Sie, zum Thema Nuklear – mein Onkel war ein großartiger Professor, Wissenschaftler und Ingenieur, Dr. John Trump am MIT; gute Gene, sehr gute Gene, okay, sehr klug, die Wharton School of Finance, sehr gut, sehr klug – wissen Sie, wenn man ein konservativer Republikaner ist, wenn ich ein Liberaler wäre, wenn ich als liberaler Demokrat kandidieren würde, würden sie sagen, dass ich einer der klügsten Menschen auf der ganzen Welt bin – das ist wahr! – aber wenn man ein konservativer Republikaner ist, versuchen sie – oh, was für eine Nummer – deshalb fange ich immer an: War auf der Wharton, war ein guter Student, ging dorthin, ging dorthin, tat dies, baute ein Vermögen auf – wissen Sie, ich muss meine Referenzen die ganze Zeit anführen, weil wir ein wenig be-

nachteilig sind – aber schauen Sie sich den Atomdeal an, die
Sache, die mich wirklich stört – es wäre so einfach gewesen,
und es ist nicht so wichtig wie diese Leben sind (Atomkraft ist
mächtig; Mein Onkel hat mir das vor vielen, vielen Jahren er-
klärt, die Macht, und das war vor 35 Jahren; er hat mir die
Macht dessen, was passieren wird, erklärt, und er hatte Recht
– wer hätte das gedacht?), aber wenn man sich anschaut, was
mit den vier Gefangenen passiert – bisher waren es drei, jetzt
sind es vier – aber als es drei waren und auch jetzt, hätte ich
gesagt, es liegt alles am Boten; Leute, und das ist es auch,
denn sie haben noch nicht begriffen, dass die Frauen im Mo-
ment schlauer sind als die Männer, also werden sie noch etwa
150 Jahre brauchen – aber die Perser sind großartige Ver-
handlungspartner, die Iraner sind großartige Verhandlungs-
partner, also haben sie uns einfach getötet, sie haben uns ein-
fach getötet.

Nach solch einem Satzkonvolut gesteht ein Krimineller alles, um endlich in seiner Zelle weinen zu dürfen.

Ein Redeschwall eignet sich somit für jene, die Killerphrasen-Kunstgriffe brauchen und denen das Ignorieren nicht half. Es ist allerdings Vorsicht geboten: Ein Sinn machender Redeschwall kann nur von Personen mit Erfahrung durchgezogen werden. Nur diese haben die Routine und Unzahl von Anekdötchen, die einen solchen aufheitern und beleben und dabei gleichzeitig dem Gegner die Luft absaugen können.

Einen zusammenhanglosen Redeschwall hingegen können sich nur jene Geübten erlauben, deren Gruppenstatus ihnen zugutekommt. Politiker, Diven, Narzissten, Sektenführer und auch CEOs von Automobilunternehmen können sich darauf verlassen, dass das eigene wirre Gerede im Regelfall von den eigenen Jüngern, Fans und sonstigen Mastdarmakrobaten als mysteriöse Weisheiten betrachtet werden, die vom Einzelnen erst dann verstanden werden können, wenn dessen eigener Weg zur Erleuchtung weit genug beschritten worden ist.

Oder es handelt sich um Insiderjargon, der dank Aneinanderreihung von englischem Vokabular, Fachbegriffen, Abkürzungen und frei erfundenen Worten Verwirrung stiftet. Das ist mehr oder weniger der einzige Zweck jeder Präsentation von Unternehmensberatern.

Damit ist automatisch jeder, der versucht, dem zusammenhanglosen Redeschwall Sinn zu entlocken, jemand, dem Respektlosigkeit, im Extremfall sogar Gotteslästerung vorgeworfen werden kann. Oder im Falle der Beraterpräsentation: ein Zeichen, wie lange der Weg des beratenen Vorstands noch sein wird, um der Erleuchtung der neuesten Businesstrends würdig zu werden, die gerade wieder durch die Vorstandsetagen getrieben werden.

Sie verstehen diesen Kunstgriff nicht? Das liegt nicht an mir, sondern an Ihnen. Der Weg zur Erleuchtung dauert für Sie dann noch eine Weile. Wie würde Trump sagen? „Digitales Nuklear!"

Eskalationsstufe II: Verzögerungstaktiken

Jeder gute Katastrophenfilm beginnt mit einem Wissenschaftler, dessen Warnungen ignoriert werden.

Deutsche belächeln gern ihre südlichen Nachbarn. Nein, nicht die Bayern. Obwohl, die auch. Aber noch mehr lächeln sie über die noch südlicheren Nachbarn. Die, die auf den Bergen rumkraxeln: Österreicher und Schweizer, um genau zu sein. Die werden nicht nur wegen ihrer Dialekte als niedlich betrachtet, sondern auch als langsam wahrgenommen.

Ein Deutscher und ein Wiener sammeln Schnecken ein, die im Vorgarten zu einer Plage geworden sind. Nach einer Stunde ist der Korb des Deutschen voll. Der Wiener hat jedoch noch keine einzige Schnecke erwischt. Als ihn der Deutsche völlig verwundert fragt, warum er noch keine Schnecke in seinem Korb hat, antwortet der Wiener: „Geh, I wass a ned, i drah mi um, will nach ihnen greifen, aber husch husch san sie weg."

Auch die Zeitrechnung ist eine andere.

Ruft man in einem Wiener Kaffeehaus einen Ober zu sich, dann schallt oft ein „Momenterl" als Antwort zurück. Und das ist der Augenblick, wo sich Zeit und Raum zu dehnen und zu beugen beginnen, denn Kaffeehausbesucher wissen, dass ein „Momenterl" eine eigene Kategorie in der Bemessung von Zeit darstellt.

Zuerst kommt die Sekunde, dann die Minute, die Stunde, der Tag, die Woche, der Monat, das Jahr, die Dekade, das Jahrhundert, das Jahrtausend, die Jahrmillion, der Äon. Dann kommt lange nichts ... und dann kommt das „Momenterl".

Für sehr langsame Menschen kennen wir einige passende Vergleiche:

Dem kann man die Hosen beim Gehen flicken!

Was Deutsche nicht verstehen, ist, dass die Zeitdehnung mitunter beabsichtigt ist, und das mit gutem Grund. Vom „Hudeln" kommen nämlich die Kinder, wie das Volk in seiner Weisheit schon lange verstanden hat. Mitunter ist ein Hinauszögern eine allen dienliche Handlung. Während Deutsche immer eiligst die „Straße hochlaufen", gehen es die südlichen Nachbarländer gemütlicher an. Sie „gehen auf der Straße" und das muss nicht unbedingt ein Spaziergang sein. Die folgenden Kunstgriffe bieten uns alles: vom Trab in eine gemütlichere Gangart bis hin zum Stillstand.

4. Kunstgriff: Wir brauchen mehr Information

Auf Gott vertrauen wir, alle anderen müssen Daten bringen.

William Edwards Deming

Die Natur in ihrem Einfallsreichtum hat eine Reihe von Lebewesen mit einer sehr wirksamen Waffe ausgestattet: Gift. So habe ich erst vor Kurzem gelernt, dass ein Tintenfisch gern Krebse frisst. In den Sinn wäre mir das nicht gekommen, denn wie soll der doch aus ziemlich vielen Weichteilen aufgebaute Krake mit seinen schlängelnden Tentakeln die harte Schale des Krebses durchbrechen? Dabei verstand ich, dass sich unter dem Tintenfischkopf eine Art Schnabel versteckt, mit dem es ihm gelingt, an das Fleisch im Inneren zu gelangen. Doch wie hält er den Krebs ruhig, während er an ihm herumknabbert? Indem er ihm ein Gift einspritzt, das den Krebs lähmt. So kann sich der Tintenfisch in Ruhe an das Aussaugen des Krebsfleisches machen.

Solche Lähmungsmethoden hat die Natur auch anderen Raubtieren geschenkt: Schlangen, Spinnen und Sklaventreibern. Während Schlangen und Spinnen immer nur ein Opfer auf einmal erledigen, können die unter der wissenschaftlichen Bezeichnung „Manager" bekannten Sklaventreiber aber ganze Organisationen zu Fall bringen. Sie machen das mit einem „schleichenden Gift", das langsam seine Zerstörungskraft entfaltet. Es beginnt oft mit einem harmlos klingenden Satz auf eine vorgebrachte Idee:

Wir brauchen mehr Informationen.

Damit werden die hitzigen Jungspunde auf die Suche nach neuen Daten geschickt. Und wie beim Militär, wo man den Rekruten eine Übung immer und immer wieder wiederholen lassen kann, weil sich immer etwas finden lässt, was den Ansprüchen der Offiziere nicht gerecht wurde, genauso ist es mit den mysteriösen „Informationen": Es gibt immer noch mehr davon und die Informationen, die man schon hat, lassen sich ohne Mühe als „noch nicht ausreichend" deklarieren.

Die nächste Steigerungsstufe nach der Aufforderung zu mehr Informationen ist die nach einer besonderen Ausprägung davon: die den Informationen zugrunde liegenden Zahlen und Fakten.

Haben wir dazu Daten?

Damit testet man die Robustheit der – nein, nicht der Informationen – man testet die Robustheit der Jungspunde. Stehen sie nach dem ersten direkten Treffer immer noch auf den Beinen, dann schauen wir doch mal, wie sie auf eine Faustwatsche reagieren. Denn Daten zu sammeln ist weit aufwendiger als das Sammeln von Informationen. Die Natur der Daten hat es in sich, dass sie nie korrekt genug sind, es keine ausreichende Menge von ihnen gibt oder dass sie nicht um weitere Daten erweitert werden können. Daten sind wie Forderungen von Bürgern an die Regierung: ein Fass ohne Boden.

Wurden entgegen allen Erwartungen und Naturgesetzen die Daten doch vollständig gesammelt, dann muss man zum ultimativen Todesschlag ausholen. Und der kommt aus der Symbiose, in der Sklaventreiber mit einer anderen, ebenso gefährlichen Art leben. Diese Spezies organisiert sich in einer sozialen Gruppe, die wir als „Rechtsabteilung" kennen. Sobald der markerschütternde Kampfruf

Dazu brauchen wir mehr Rechtssicherheit!

ertönt, wissen die Opfer, dass es um sie geschehen ist. Gegen zwei so mächtige Räuber zusammen ist selbst die beste Idee, das sachlich fundierteste Argument und die schönste Vision nicht gerüstet. Das ist der Moment, in dem man wie Bud Spencer eine Genickwatsche austeilt. Und von der erholt sich bekanntlich keiner.

Der wissenschaftliche Fachbegriff für diesen Kunstgriff lautet übrigens „Paralyse durch Analyse" (auf Englisch: Analysis-Paralysis), welcher, ausgehend von der Forderung nach Informationen, gefolgt von der nach Daten, bis hin zur höchsten Eskalationsstufe, nämlich dem Ruf nach Rechtssicherheit, den Lähmungsgrad schmerzvoll steigert.

Dieser Kunstgriff wird Sadisten Vergnügen bereiten, aber auch jenen zur Seite stehen, die den Anfängerfehler begangen haben, Interesse zu heucheln und deshalb unvorsichtigerweise nach mehr Informationen verlangt haben und diese Torheit nun beenden möchten. Wem das zu mühsam ist und wer schnelle Resultate haben möchte, dem wird nachfolgender Kunstgriff tauglich erscheinen.

5. Kunstgriff: Wir machen das, wenn ...

Als ich 14 war, war mein Vater so unwissend. Ich konnte den alten Mann kaum in meiner Nähe ertragen. Aber mit 21 war ich verblüfft, wie viel er in sieben Jahren dazugelernt hatte.

– Mark Twain

Um die Wende vom 19. zum 20. Jahrhundert waren sich die Experten in der Transportindustrie einer Sache ganz sicher: Der Markt ist noch nicht reif. Wenn er überhaupt reif werden sollte und dieses neumodische Zeugs, das Automobil, nicht doch wieder verschwinden würde. Der Markt war einfach nicht reif, um sich auf Neues einzulassen.

Im frühen 21. Jahrhundert wiederholte sich das Spiel, allerdings mit umgekehrten Vorzeichen. Keine Panik, nicht das Pferd kommt zurück und ersetzt das Auto. Vielmehr ziehen die Manager und Experten der heimischen Automobilindustrie durchs Land und verkünden selbstgewiss: „Sobald der Markt reif ist, ziehen wir unsere Blaupausen aus der Schublade und bauen dann auch Elektroautos und

Robotertaxis." Und nicht nur das, denn „dann kann sich die Konkurrenz warm anziehen". Denn „wenn die Deutschen mal loslegen, dann ..." und den Rest kann sich die Konkurrenz aus USA und China selbst ausmalen, aber es wird kein Honigschlecken, so viel können wir schon jetzt garantieren.

Mit anderen Worten: Solche Leute sollen gar nicht erst mit neuen Ideen kommen und uns auf die Nerven fallen. Wann genau der „Markt reif" sein wird, verschweigt man geflissentlich. Das kann nur der Experte, der Manager, der Entscheidungsträger selbst beurteilen.

Damit ist per definitionem ganz klar, dass die Idee hier scheitert und die Argumente zerschellen. Der Markt ist jetzt, in diesem Moment, alles, nur eines nicht: reif. Und das Großartige ist, der Beurteiler der Marktreife wählt die Kriterien und ändert sie nach Belieben.

Wir machen das, wenn der Markt reif ist.

Diskussion erledigt! Dieser in der Wirtschaft so beliebte Kunstgriff drängt sich auch in anderen Lebenssituationen förmlich auf. Bei allem, was sich zum Reifen eignet, kann der Reifegrad als Argument angewandt werden. Eltern können ihren Kindern versprechen:

Du kannst das machen, wenn du alt genug bist!

Für den amerikanischen Satiriker Dave Barry ist dieser Kunstgriff so bedeutend, dass er ihn sogar als Buchtitel wählte. Als besorgter Vater kümmert er sich liebevoll um das Wohl seiner Kinder, wie der Titel seines Bestsellers bestätigt: „Du kannst mit Jungs ausgehen, sobald du 40 bist". Kennt er sich damit aus? Auf alle Fälle, wie der Untertitel offenbart: „Dave Barry über Elternschaft und andere Themen, von denen er sehr wenig weiß."

Wir bewegen uns mit diesen Entgegnungen allerdings von einem eher frei definierbaren Kriterium – Wann genau ist der „Markt reif"? Wann genau ist alt „alt genug"? – zu einem Gebot. Hier ein Beispiel:

Solange du in meinem Haushalt lebst, wird es so gemacht, wie
ich es sage!

Was in den meisten Fällen zu einer hinreichenden Verzögerung und damit zum Abwürgen einer Idee oder eines Wunsches führt, kann in manchen Spezialfällen allerdings zu einer Beschleunigung führen. So kann in einer bereits bröckeligen Beziehung der Satz

Solange du mich hast, sind andere Frauen/Männer für
dich tabu!

unverhofft zum Ende der Beziehung und des Tabus führen. Da war dann wohl jemand reif für den Datingmarkt. Wie schon der Kabarettist Werner Schneyder so schön sagte:

Die meisten Ehen scheitern an den Verhältnissen. Aber es sind
auch schon sehr schöne Verhältnisse an Ehen gescheitert.

6. Kunstgriff: Rufen wir eine Arbeitsgruppe ein

Das Komitee ist eine Sackgasse, in die Ideen hineingelockt und
dann in Ruhe erdrosselt werden.

Abraham Lincoln

Wer kennt sie nicht, die bewährte Zermürbungstaktik, mit der sichergestellt werden soll, dass einer Idee noch vor Erblicken des Tageslichts ihr Licht ausgelöscht wird? Wer bebt nicht vor Freude, wenn auf die Idee des unsympathischen Kollegen der Ruf nach einer Arbeitsgruppe laut wird? Dieser Kunstgriff spricht den Sadisten in uns an, denn im Gegensatz zu jenen Taktiken, die Ideen gleich abwürgen, verspricht diese einen langsamen, qualvollen Tod bei vollem Bewusstsein. Wochenlang kann das Röcheln der Idee vernommen werden, wenn sie in einem Gremium debattiert wird.

Damit das auch geschieht, sind einige Voraussetzungen zu schaffen. So ist es besonders wichtig, den Ideenüberbringer auf keinen Fall in das Komitee miteinzubeziehen. Weder bei der Auswahl der Mitglieder noch bei der Erklärung der Idee darf er hinzugezogen werden. Und schon gar nicht ist er über den Stand der Dinge zu informieren. Vielmehr muss man sicherstellen, dass ein Komitee Eigenschaften aufweist, wie sie schon der Aphoristiker Willy Meurer scharfzüngig beobachtet hat:

Ein Komitee ist eine Gruppe von Unfähigen, die von Unwissenden gewählt wird, um etwas Unnötiges zu tun.

Nur dann ist ein Abschmettern der Idee gewährleistet und nur dann wird man nie wieder von ihr belästigt. Natürlich drückt man den Komiteemitgliedern nicht unbedingt Willy Meurers Zitat auf die Nase. Man lässt ihnen die Illusion, einen wertvollen Beitrag zu leisten, indem man sie beispielsweise durch großzügige Sitzungsgelder darin bestärkt und ihnen den schönsten Konferenzraum bereitstellt. Letztendlich haben wir die Mitglieder aber ausgewählt, um einen langsamen Abgang der Idee herbeizuführen. Und dazu brauchen wir keine kompetenten Komitees. Nicht, dass es je kompetente Komitees gegeben hätte. Das wäre ein Oxymoron.

Eine Arbeitsgruppe bietet sich auch in Umfeldern außerhalb von Unternehmen an. Das private Äquivalent dazu ist die Einberufung eines Familienrates, wenn die Brut eine Schnapsidee ausgegoren hat. Auf eine mögliche Fehlerquelle will ich aber hinweisen. Ein Familienrat wird nur bei Ideen der Sprösslinge einberufen, niemals aber bei Ideen der Eltern. Denn die Ideen der Erzeuger sind per definitionem immer gut.

Sollte es dennoch jemand wagen, dieselbe Idee erneut vorzubringen, dann können wir ansatzlos den 11. Kunstgriff: „Das haben wir schon mal gemacht und es hat nicht funktioniert" heranziehen.

Zum Schluss will ich noch Ludwig Erhard zitieren, wie man eine Arbeitsgruppe produktiv machen kann. Nur damit keiner sagen kann, er wurde nicht gewarnt.

Damit eine Kommission etwas leistet, müsste sie aus drei Mann bestehen, von denen einer krank und einer abwesend ist.

Eskalationsstufe III: Bleib sachlich und kritisiere die Idee

Ich kann jede Art von Kritik ertragen, solange es sich um überschäumende Lobhudelei handelt.

Noël Coward

Ich sage es gleich vorweg: Dieses Kapitel ist nur für Masochisten. Hier beschäftigen wir uns mit sachlich fundierter Kritik an einem Vorschlag. Und das heißt, dass wir unsere Hausaufgaben machen müssen. Wir müssen nachvollziehbare Argumente und Fakten vorbringen, die auf der Wahrheit oder unserer kreativen Version davon beruhen können.

Für Masochisten sind sie deshalb, weil sie uns den mühsamen Weg der Recherche und des Nachdenkens nicht ersparen und das kann peinigend sein. Dafür belohnt uns das Endergebnis. Welch größere Lust gibt es, als am Ende der Pein als Sieger über einen Vorschlag mitsamt dem Vorschläger dazustehen?

7. Kunstgriff: Das braucht keiner

Wenn du jemanden brauchst, der den Müll runterbringt, heirate.

Sarah Jessica Parker

Dazu ist es notwendig, selbst Gründe parat zu haben, warum das keiner braucht. Das bedeutet Vorbereitung und eine Vertrautheit mit den Wünschen und Begierden möglicher Profiteure einer solchen Idee. Das kann vermieden werden, indem wir den Satz nicht als Statement, sondern als Frage umkehren.

Wer bitte braucht das?

Damit fällt die Beweislast unserer Vermutung, dass das niemand braucht, auf den Vorschlagenden zurück. Sollte dieser keine Ahnung haben, ist das gut für uns, jedoch schlecht für die Idee. Sollten aber wider Erwarten mögliche Benutzer und Kunden genannt werden, dann ist flinkes Denken angesagt. Wir müssen die wirklichen Probleme der Zielgruppe benennen, die im 20. Kunstgriff: „Es gibt wichtigere Probleme" noch ausführlich besprochen werden.

Varianten dieses Satzes kommen in vielen Formen vor und finden ihre Ausprägung und Wortverzierung gemäß dem jeweiligen Kontext:

Das wird wie Blei in den Regalen liegen bleiben.
Das brauchen wir so notwendig wie eine Arschwarze.
Das wird erst dann geschehen, wenn Weihnachten und Ostern auf einen Tag fallen.

Einen weiteren Vorgriff auf einen späteren Kunstgriff können wir bereits hier anwenden, nämlich den 41. Kunstgriff: „Zitiere eine Koryphäe". Und wer eignet sich da besser als ein alter Grieche, genauer gesagt der Philosoph Aristoteles:

Was es alles gibt, was ich nicht brauche.

8. Kunstgriff: Das Problem ist zu wichtig

Wann immer ich traurig bin, bist du da. Wann immer ich Probleme habe, bist du da. Wann immer ich die Kontrolle verliere, bist du da. Seien wir ehrlich, du bringst Unglück.

„Kannst du deinen Feind nicht besiegen, umarme ihn." Dieser Satz wird auf den chinesischen Militärstrategen und Philosophen Sunzi zurückgeführt. Moderne Interpretationen ergänzen diese Weisheit mit dem Zusatz „... und drücke ihm langsam die Luftzufuhr ab".

Totschlagargumente sind eine mit modernen Mitteln fortgesetzte Kunst des Krieges. So sehr wir es uns auch wünschen würden, Mitarbeitern ein Schwert in den Torso zu rammen oder die Kehle durchzuschneiden wird gesellschaftlich nicht mehr toleriert. Totschlagargumente übernehmen das. Verblüffend für uns moderne Menschen ist aber, wie sehr alte Literatur wie Sunzis „Die Kunst des Krieges" für moderne Schlachtfelder geeignet ist. Häufig reicht der simple Austausch von Wörtern aus Militärhandbüchern aus, um aus spitzen Schwertern spitze Zungen mit gleichwertigen Resultaten zu machen.

Anstatt die Idee einer Kollegin – zur Lösung eines uns nicht wichtig erscheinenden Problems – zu bekämpfen, sollte man die Idee, die Kollegin und das Problem umarmen und aufwerten.

Das Problem ist zu wichtig.

Dieser Satz ist vieldeutig und gibt uns viele Optionen zur weiteren Vorgehensweise. Einerseits ist das Problem zu wichtig, als dass wir schnelle Entscheidungen treffen könnten. Man verlangt das Einsetzen von Arbeitsgruppen, das Hinzuziehen von externen Experten, die Weiterreichung an höhere Entscheidungsebenen, das Sammeln weiterer Informationen ... und schon ist die Idee auf eine Odyssee geschickt, von der sie, im Gegensatz zu Odysseus, nicht mehr zurückkehren wird.

Andererseits deuten wir damit an, dass die Kollegin mit der ursprünglichen Idee nicht diejenige ist, die für die Problemlösung qualifiziert ist, weil das Problem doch zu wichtig ist. Es befindet sich über ihrer Gehaltsstufe und ihrem Ausbildungsstand. Andere müssen ran – und die wählen wir so aus, dass die Idee nie nicht mehr lange weiterlebt. Dazu tauchen wir noch tiefer ein mit dem 33. Kunstgriff: „Wir übergeben das Projekt jemand Qualifizierterem".

Das Perfide an diesem Kunstgriff ist das Legen einer falschen Fährte. Wir nähren eine Hoffnung, die sich sehr bald in das Gegenteil umkehrt: Verzweiflung. Und nicht nur das: Geschickt angepackt, schaffen wir es, bei der Kollegin Selbstzweifel zu erzeugen, die die Gründe für das Scheitern dann bei sich selbst und ihrer kleinen Idee sucht, aber nicht erkennt, dass wir Ideenmörder auf sie angesetzt haben, gegen die es nie eine Chance gab.

9. Kunstgriff: Das geht nicht

Wenn man einen Teelöffel Wein in ein Fass Jauche gibt, ist das Resultat Jauche. Wenn man einen Teelöffel Jauche in ein Fass Wein gibt, ist das Resultat ebenfalls Jauche. Nur wenn ein Arzt hinter dem Sarg seines Patienten geht, ist es möglich, dass die Ursache der Wirkung folgt.

Schopenhauers Entropie-Gesetz

Nichts kann sich schneller als mit Lichtgeschwindigkeit fortbewegen. Das Perpetuum mobile ist unmöglich, weil es den zweiten Hauptsatz der Thermodynamik verletzt. Wie Humpty Dumpty, einmal zerbrochen, kann man es nicht mehr reparieren. Klopapier gehört mit dem losen Blatt nach vorne aufgehängt, nicht zur Wand gerichtet. Ist die Mama happy, ist die Familie happy. Ist es Mama nicht, dann ist niemand happy. Sei immer du selbst. Außer du kannst Batman sein. Dann sei immer Batman.

Naturgesetze sind nicht optional. Sie sind keine Meinung. Ihr Gegenteil wird nicht wahr, nur weil ich bei Vollmond gepflückten Kiefernnadeltee aus Klangschalen trinke. Sie sind unbeugsam und wirken immer und überall, egal wie sehr man Batman-Leugner oder Lichtgeschwindigkeits-Esoteriker ist.

Dieser Kunstgriff beschreibt das Ausgeschlossene, die Unmöglichkeit im Sinne von „Das kann nicht funktionieren". Es ist eine Funktionsuntüchtigkeit, für deren Feststellung ein Blick auf die Idee oder den Vorschlag reicht. Zu den Naturgesetzen gesellen sich dabei noch die Gesetze der Statistik. Die Wahrscheinlichkeit, dass etwas klappt, ist so gering, dass der Aufwand in keinem Verhältnis zum Ergebnis steht – oder wir so spät in den Genuss des Resultats kommen, dass wir es besser gar nicht erst anpacken.

Das Angenehme daran ist, dass es uns leichtfällt, die Kontra-Argumente aufzuzählen. Sie stechen ins Auge. Die Pro-Argumente sind meistens so vage und so wenig mit Daten untermauert, dass wir sie rasch in Gegenargumente verdrehen können.

Ausnahmen bestätigen die Naturgesetze. Dass Thomas Edison 10.000 Versuche durchführte, um das eine passende Material für den Glühdraht in seinen Glühbirnen zu finden, hat nur mit Hartnäckigkeit, weniger mit der Gültigkeit der Gesetze zu tun. Dass Paul Alwin Mittasch 20.000 Katalysator-Varianten ausprobierte, um die beste für das Haber-Bosch-Verfahren zur Stickstoffherstellung zu finden, lässt die berechtigte Frage aufkommen, ob der Mann kein Privatleben hatte.

Der Kunstgriff impliziert damit auch noch etwas anderes: Dass man der Person diese Aufgabe – die ohnehin nicht erledigt werden kann –, weder zutraut noch glaubt, dass sie die Qualifikation und die Hartnäckigkeit besitzt, diesen Vorschlag umzusetzen. Es ist zunächst nur eine erste sanfte Andeutung zu den Schwächen der Person, die beim nächsten und einigen weiteren Kunstgriffen sehr viel deutlicher angesprochen werden.

10. Kunstgriff: Das geht rechtlich nicht

Ein Tag ohne Sonnenschein ist wie, nun ja, Nacht. – Steve Martin

Wenn schon Naturgesetze unumstößlich sind, wie ist es dann mit Regeln und Gesetzen, die wir uns selbst auferlegen? Das hängt vom Kontext ab. Manche sind so butterweich, dass man nicht mal erkennen kann, was sie wollen. Diese bieten einen großzügigen Interpretationsspielraum, der nur in den seltensten Fällen, also eigentlich nie, der Idee zum Durchbruch verhelfen wird.

Das sind meine Prinzipien und wenn sie Ihnen nicht gefallen, dann ... nun ja, ich habe auch andere. – Groucho Marx

Und sie gelten nicht für alle gleichermaßen. Der Volksmund kennt da eine Kategorie, die er sich aus der Religion geliehen hat:

Wasser predigen und Wein trinken.

Schon der Psychologe und Kabarettist Bernhard Ludwig erkannte in seiner Praxis eine Regelung, die Frauen bei der Auswahl ihrer Paarungspartner anwenden:

Du darfst! Du darfst nicht! Du darfst es niemandem erzählen!

Andere Regeln und Gesetze sind hingegen so unerbittlich starr, dass niemand, der mit einem Mindestmaß an Vernunft gesegnet ist, an ihnen zu rütteln versuchen würde.

Wer die Fernbedienung in der Hand hat, bestimmt das Programm.

Solange Du in meinem Haushalt lebst, gelten meine Regeln.

Eine Spielart dieses Kunstgriffes bezieht sich auf Gesetze und Regeln im Sinne von

Das geht aber gar nicht.

Darin schwingt ein Unterton von moralischer und sittlicher Entrüstung mit, der einem Befürworter einer Idee oder eines Vorschlags charakterliche Defizite unterstellt. Wie kann er oder sie nur solch einen Vorschlag unterbreiten, wenn doch allgemein bekannt ist, dass damit Anstandsregeln und Moral verletzt würden?

Wie kannst du nur solch einen Vorschlag machen?

Eine alte McDonald's-Werbung spielte mit dieser moralischen Entrüstung. Auf einem Werbeplakat sah man eine – auf gut Wienerisch – *überwutzelte*, also schon den Höhepunkt der körperlichen Attraktivität hinter sich gelassen habenden, Dame der feinen Gesellschaft, die mit angeekeltem Blick ausrief:

Mit den Fingern?

Lassen sich Recht und Moral in diesem Kunstgriff gemeinsam anwenden, dann ist das Argument, und damit der Tag, gewonnen.

11. Kunstgriff: Das haben wir schon mal gemacht und es hat nicht funktioniert

Nicht das Erreichte zählt, sondern das Erzählte reicht. – Alfred Dorfer

Sprechen wir über Anekdoten. Diese kleinen Geschichten, die auf einer wahren Begebenheit beruhen und zumeist witzigen Inhalts sind, dienen einem mehrfachen Zweck: der Unterhaltung, der Ablenkung, der Nostalgie und der Angeberei. Nichts sagt eleganter „Ich war dabei" und „Ich weiß, wovon ich rede", aber auch „Ich bin der Oldtimer hier" als eine Anekdote aus den Urzeiten der Firma oder Gesellschaft.

Anekdoten wollen erzählt werden. Geschichten merken wir uns und durch Geschichten lernen wir am besten. In einem erfolgreichen Leben sammelt sich ein reicher Fundus an nützlichen Schwänken an, die bei passender Gelegenheit hervorgekramt werden können.

Hinter jedem erfolgreichen Mann steht eine Frau, die seine Anekdoten schon tausendmal gehört hat.

Anekdoten sind elegante Vehikel zum Angeben. Sie signalisieren auf augenzwinkernde Weise: „Ich habe Erfahrung und du nicht!" Damit erhalten die eigenen Worte mehr Gewicht und das ist ein Segen für diesen Kunstgriff.

Das haben wir schon mal probiert und es ist gescheitert.

Wer, wenn nicht alte Hasen wie wir, kann auf dieses institutionelle Wissen zurückgreifen? Die Aussage lässt sich verschärfen, nicht nur ist es gescheitert, es ging auch nicht gut aus für denjenigen, der diese schon im Vorhinein zum Scheitern verurteilte Idee durchpeitschen wollte:

Uwe Meier ist damit damals furchtbar auf die Schnauze gefallen. Hat sich davon nicht mehr erholt. Das letzte Mal sah ich ihn, als er in einem Hinterhof Mülleimer nach Verwertbarem durchwühlte.

Die Konsequenzen, wenn man so eigensinnig ist und den Hausverstand fahren lässt, können dramatisch sein. Auch im privaten Umfeld ist der Verweis auf irgendein schwarzes Schaf der Familie immer eine gute Gelegenheit, die Autorität und Weisheit der Angehörigen zu unterstreichen.

Erinnerst du dich an Onkel Toni? Hat nie auf seine Frau gehört und eines Tages – Bumm! – der Schlag hat ihn getroffen. Gott hab ihn selig. Und du willst nun ein neues Smartphone?

Die Diskussion ist nun so rasch beendet, wie man eine App auf dem Smartphone löscht.

12. Kunstgriff: Die Situation ist vergleichbar

Eine Krone ist lediglich ein Hut, in den es hineinregnet.
Friedrich II., „der Große"

Im Jahr 2016 erschien ein Buch in einer annotierten Neuauflage, das in den Jahren nach seiner Erstveröffentlichung zu den meistverkauften Büchern seiner Zeit zählte. Gleichzeitig galt es als das am wenigsten gelesene Buch seiner Zeit. Es handelte sich um ein Werk, das nach dem Tod des Autors 75 Jahre lang nicht verlegt werden durfte, weil der Rechteinhaber, der Staat Bayern, den Druck verbot. Geschichtskundige werden erraten haben, um welches Buch es sich handelt: „Mein Kampf" von Adolf Hitler.

Es gibt einen Grund, warum das Buch damals trotz hoher Verkaufszahlen kaum gelesen wurde: Es ist einfach schlecht. „Mein Kampf" ist eine Melange aus Querdenkertum, verworrenen Theorien, starker Meinung und noch viel weniger Wissen zwischen zwei Buchdeckel gepresst. Jedoch konnten das die Generationen nach dem Zweiten Weltkrieg nicht erfahren, weil es das Buch nicht mehr gab. Bis der Kabarettist Helmut Qualtinger 1973 öffentliche Lesungen aus „Mein Kampf" abhielt. Ohne eine Zeile zu ändern und mit der Intonation des Autors trug er ausgewählte Passagen vor, die ungewollte Komik enthüllen und zu lautem Lachen verleiten würden, wäre da nicht der schreckliche geschichtliche Hintergrund. Eine mir als besonders lächerlich in Erinnerung gebliebene Passage war ein Vergleich, den der Führer als Laien-Tierkundler machte. Man stelle sich die folgenden Zeilen in der abgehackten Sprechweise und der harten Intonation des Autors vor, um voll in den Genuss der gemachten Vergleiche zu kommen:

Jedes Tier paart sich nur mit einem Genossen der gleichen Art.
Meise geht zur Meise <Pause>
Fink zu Fink <Pause>
Storch zur Störchin <Pause>
Feldmaus zu Feldmaus <Pause>
Hausmaus zu Hausmaus <Pause>
Wolf zur Wölfin <Pause>
[...]

Vergleiche haben es an sich, dass sie rasch die Lächerlichkeit einer Situation aufzeigen können. Und das oft unbeabsichtigt. Kabarettisten und Satiriker leben davon, Vergleiche zu finden und zu präsentieren.

Wie heißt dieses verchromte Sauerkraut? – Lametta![9]

Aus unserer Schulzeit wissen wir, dass Lehrer mit diesem Kunstgriff ebenso vertraut sind und keine Gelegenheit auslassen, ihn anzuwenden:

Musiklehrer: „Machen Sie den Mund auf!"
Der Schüler öffnet den Mund.
Musiklehrer: „So machen sie eine Scheune auf oder eine Garage, aber keinen Mund." [10]

Ganze Schülerzeitungen leben von solchen Lehrerzitaten und schulten Journalistengenerationen für Interviews mit den Mächtigen.

Mit anderen Worten: Einem Vorschlag kann der Wind aus dem Segeln genommen werden, indem man ihn ins Lächerliche zieht. Das hilft auch bei Diskussionen mit Querdenkern.

Querdenker: Irgendwo in Mexiko im Dezember 2021: „Meine Tochter sagte heute, das Krasseste für sie sei, dass hier keiner auf den anderen losgeht, weil er geimpft oder ungeimpft ist, eine Maske oder keine Maske trägt. Jeder macht, was er für sich als richtig empfindet." #Miteinander
Antwort: „Mein Sohn sagte heute, das Krasseste für ihn sei, dass hier keiner auf den anderen losgeht, weil er langsam oder schnell unterwegs ist, ein Elektroauto oder eine Abgasschleuder fährt. Jeder macht, was er für sich als richtig empfindet. Ich fahre mit 10 km/h durch die Kinderspielstraße, andere mit 120 km/h. Hey, jeder macht, was er für sich als richtig empfindet." #Miteinander

Das obige Rezept ist einfach: Man nehme die Behauptung und ersetze die entsprechenden Worte durch Worte aus einem anderen Kontext. Lautet die Behauptung, dass das Tragen einer Maske während einer Pandemie jedem selbst überlassen werden soll, dann ist im Umkehrschluss das Zahlen von Steuern, das Einhalten von Geschwindigkeitslimits oder das Anlegen eines Sicherheitsgurtes auch jedem selbst überlassen.

Die Behauptung, dass „Gedanken die Realität" schaffen, sich somit nur Leute mit positiven Vibes nicht mit Covid infizieren, kann ins Lächerliche gezogen werden, wenn man sie beispielsweise auf Beinbrüche oder Verletzungen bei Autounfällen projiziert. Unfallopfer hätten dieser Logik zufolge einfach keine positiven Vibes gehabt, sie seien an ihrem Missgeschick somit selbst schuld gewesen.

Dieser Kunstgriff wirkt am besten, wenn wir ihn mit seriöser Miene vortragen und den Anschein erwecken, dass wir ihn wirklich gern verstehen wollen. Ebenso effektiv ist er für unsere Zwecke, wenn wir ihn in einer Weise anwenden, die zwar nach Zustimmung aussieht, in Wirklichkeit aber dessen Lächerlichkeit preisgibt. Speziell dann, wenn wir die Person, die die Behauptung aufgestellt hat, in die Auswirkungen der Behauptung mit einbeziehen können. Beispielsweise eine Brillenträgerin, die zu positiven Vibes spricht.

Lass mich das verstehen: Wenn man positive Vibes ausstrahlt, dann fängt man sich kein Covid ein. Man bricht sich dann auch keine Beine oder behält sein Sehvermögen und benötigt keine Brille? Verstehe ich das richtig?

13. Kunstgriff: Die Situation ist nicht vergleichbar

Manche Vergleiche hinken auf allen vier Beinen derart gleichmäßig, dass es fast elegant wirkt.

Hans-Heinrich Hitzler

Nicht zum ersten und auch nicht zum letzten Mal sehen wir ein Kunstgriffpaar, das den jeweiligen Gegenpol darstellt. Im vorherigen war eine Situation vergleichbar, was wir schamlos ausnutzten, um die

Idee lächerlich zu machen. Nun behaupten wir, dass die Situation nicht vergleichbar wäre, um sie lächerlich zu machen. Als Totschläger haben wir nur zu identifizieren, welches der beiden die Lächerlichkeit maximieren kann. Und wir können den Vergleich provozieren, indem wir die Frage stellen:

Was macht Sie so sicher, dass Ihr Vorschlag funktionieren wird?

Eine typische Reaktion auf diese Frage ist ein Vergleich, der sich in Sätzen wie diesen ausdrückt:

Wir haben schon bei einer anderen Produkteinführung die gleichen Erfahrungen gemacht.
Die Konkurrenz macht es auch so.
Unsere Tester waren begeistert!

Das ist ein flach aufgelegter Ball für uns, denn andere Produkte sind nicht wie dieses. Die Zeit spielt hierbei erst recht keine Rolle, denn die Marktbedingungen ändern sich ständig. Ebenso dreist ist es, sich selbst und den eigenen Vorschlag im positiven Licht darstellen zu wollen, indem man folgende Argumente verwendet. „Bei der Konkurrenz funktioniert es auch" – deren jämmerliche Dienstleistungen sind allerdings nicht mit unseren vergleichbar. Genau wie „Die Tester waren begeistert" – obwohl diese in keinster Weise einen repräsentativen Querschnitt unserer Kunden darstellen.

Die Situation ist nicht vergleichbar.

14. Kunstgriff:
Ich bin nicht so naiv

Woher soll ich eigentlich wissen, was naiv ist, so naiv wie ich bin?

Erhard Blanck

Die Zeiten der Wanderbühnen und des Vaudeville-Theaters sind lange vorbei. Vor dem Kino, Fernsehen und Internet zogen Musik- und Theatergruppen durch die Lande, um die Leute zu unterhalten. Barden und Minnesänger brachten Neuigkeiten aus anderen Ländern in Lied- und Reimform dar und fanden gelegentlich auch ihren in Haft sitzenden König – wie Blondel seinen Richard Löwenherz, den die Österreicher nach dem Dritten Kreuzzug in Dürnstein wegen einer Lösegelderpressung von den Engländern festhielten. Was wiederum die Geschichte um Robin Hood auslöste. Aber ich komme vom Thema ab. Wichtig ist, dass mein Nachname auf einen Vorfahren hinweist, der offensichtlich diesen Beruf ausgeübt hatte, immerhin werden in der Heidelberger Liederhandschrift einem gewissen Spervogel – so die Bedeutung von Herger – mehrere Strophen zugeordnet. Ich brauche nicht zu erwähnen, dass dies die schönsten Strophen in der Liederhandschrift sind.

Eine eigene Gattung stellten Moritatensänger dar, die von gar grauslichen Ereignissen berichteten. Meistens handelte es sich um Geschichten von naiven und alleinstehenden Dienstmädchen, die von einem Heiratsschwindler im Stich gelassen, um ihr Geld gebracht, in einen Hinterhalt gelockt und dort von ihm gemeuchelt wurden. Den Zuhörern rann dabei ein Schaudern über den Rücken, man rückte näher, die Obrigkeit versicherte, dass niemand mehr gemeuchelt werden würde, wenn er oder sie nur bloß nicht leichtgläubig und naiv sei. Zu Hause prüfte man anschließend mit besonderer Sorgfalt, ob alle Türen und Fenster auch gut verschlossen waren.

Die Nachfahren dieser Wanderzirkusse, Moritaten- und Bänkelsänger tingeln nach wie vor durch die Welt, mit dem Unterschied, dass die

Theaterstücke heute „Talkshows" heißen und die Bühne statt eines Planwagens ein Fernsehstudio ist. Die Moritatensänger unter den Talkshowgästen lösen mit Gräueltaten nach wie vor ein Schaudern beim Publikum aus – mit dem Unterschied, dass es sich um vermeintlich kommende oder fiktive Meucheleien handelt.

Diese Leute verdienen ihren Lebensunterhalt mit dem erhobenen Zeigefinger, warnen vor den Gefahren von neuen Sachen und bösen Firmen und verlangen eindringlich, dass wir uns radikal ändern müssen, sonst würde die Gesellschaft, wie wir sie kennen, untergehen. Weil sie mit diesen Moralgeschichten und Panikmache Geld machen, nennt man sie auch Moralunternehmer.

Sie sind nicht mit Querdenkern zu verwechseln. Querdenker leben in der Vergangenheit und fantasieren von Dingen, die ihnen zufolge schon stattgefunden haben oder sich gerade abspielen. Die Mikrochips von Bill Gates sind bereits in den Impfstoffen, um uns zu kontrollieren. Die Welt wird von Zionisten, Reichen, Arabern, der Bundesregierung, Linkshändern, und was immer für Feindbilder gerade en vogue sind, beherrscht. Und die Medien belügen uns. Querdenker sind die einzigen, die es durchschaut haben, sie sind nämlich nicht so naiv.

Moralunternehmer fantasieren wiederum von Dingen, die sich in Zukunft so entwickeln werden. Nicht Dinge, die „sich so abspielen könnten". Nein, Dinge, die „sich ganz sicher so abspielen werden". Künstliche Intelligenz, die uns versklavt. Datenkraken, die uns alle Daten absaugen und uns versklaven. Autonome Autos, die über unsere Köpfe hinweg entscheiden werden, wen sie töten und wessen Organe sie entnehmen. Diese Welt wird von den Internet-Giganten, Rüstungskonzernen und Milliardären beherrscht und unterworfen werden. Moralunternehmer sind dank ihres Philosophie- oder Germanistikstudiums und ihrer Lockenpracht die einzigen, die es durchschaut haben. Sie sind nämlich nicht so naiv.

Hier ein Beispiel zur Anwendung dieses Kunstgriffes von einem Leser meines Buches über künstliche Intelligenz (KI), den er in einer Ein-Stern-Amazon-Rezension mit einem Satz ausdrückte:

*Ich habe kaum Argumente gefunden für KI, aber vielleicht,
weil ich nicht die Gefahren verharmlosen möchte.*

Ich muss dem Moralunternehmer zustimmen: KI scheint nichts zu taugen. Wie sonst hätte eine KI-basierte Plattform (Amazon) ihm die Veröffentlichung seiner Meinung erlaubt? Bei diesem Kunstgriff müssen wir jedoch Vorsicht walten lassen, denn er kann schnell gegen uns gerichtet werden. Obiger Satz lässt sich rasch ins Absurde wenden, wenn man nur ein Wort austauscht. Tauschen wir in diesem Beispiel KI gegen eine andere Sache aus, dann ist er nicht mehr so überzeugend:

*Ich habe kaum Argumente für Autos/Dosenbier/Nutella gefun-
den, aber vielleicht, weil ich nicht die Gefahren verharmlosen
möchte.*

Einen echten Moralunternehmer kümmert das nicht. Er ist längst zur nächsten Talkshow weitergezogen und warnt vor den Gefahren noch wichtigerer Krisen.

Eskalationsstufe IV: Führe Systemgründe an

*Das beste Argument gegen die Demokratie ist ein fünfminütiges
Gespräch mit dem Durchschnittswähler.*

Winston Churchill

Sachargumente sind schön und gut, doch sie erfordern eine Einarbeitung in das Thema, gegen das angekämpft wird. Weniger aufwendig und gleichzeitig wirksamer ist ein wie auch immer gearteter Verweis auf ein ominöses „System". Systeme sind Mischwesen aus Materie und Geist. Sie existieren, sind aber nicht greifbar. Sie haben Auswirkungen und sind doch undurchschaubar in ihrem Wirken. Ohne sie funktioniert nichts, mit ihnen funktioniert noch weniger.

Jedenfalls kommen uns Systeme als Sündenböcke nur recht. Wann immer man ermüdende Diskurse leid ist, nicht gleich schwerere Kaliber auffahren will, aber trotzdem irgendwie sachlich bleiben möchte, ziehe man Systemgründe aus dem Zauberhut der Totschlagargumente.

15. Kunstgriff: Not invented here

Eine Erfindung ist eine Neuheit, die so lange unentdeckt bleibt, bis sie als Produkt aus den USA zu uns zurückkommt.

Willy Meurer

Wer in unseren Ländern aufwächst, wird den Eindruck nicht los, dass alles, was je erfunden wurde, hier bei uns erfunden wurde. Elektrizität, Buchdruck, Nähmaschine, Zuckerwürfel, Transrapid, Schiffsschraube, Suezkanal, Zipfelmütze. Doch immer wieder stahlen Engländer oder Amerikaner unseren Erfindern diese Idee und machten mörderisch viel Kohle damit, während unsere armen Erfinder verarmt, verbittert und von der Gesellschaft verkannt in ihren Erdlöchern verhungern mussten.

Die eigentliche Botschaft dahinter ist, dass es unseren Landsleuten nicht an Klugheit und Erfindungsreichtum mangelt. Nicht nur das, wir könnten es auch besser, wenn man uns nur ließe. Denn, ehrlich gesagt, den Schrott, den uns die Chinesen, Japaner oder Amis andrehen, den hätten wir niemals aus unseren Werkshallen und Softwareschmieden in die Welt gelassen. Die Spaltmaße bei Tesla? Die klapprigen Billigkameras aus Japan? Die schiefen Brücken der Magnetschwebebahn in China? Von denen können wir nichts lernen! Keine Rede davon, dass wir diese Expertise zukaufen oder gleich das ganze Unternehmen akquirieren wollen.

Wir lösen das lieber selber und besser.

Denn wir machen das dann auch gleich ordentlich und nicht so schlampig wie diese Dahergelaufenen. Das ist die verblümte Sprache, hinter der sich dann die Wünsche nach einem entsprechenden Budget verbergen, nach der notwendigen Anzahl an Mitarbeitern und einem zu erwartenden Umsetzungszeitraum, der weit über dem liegen wird, den diese schlampig arbeitenden Neulinge eines „Start-ups" benötigen, dafür mit einer Qualität, wie sie unser Arbeitsethos hervorbringt. Spät oder nie, dafür aber perfekt!

Eine Portion Skepsis macht diesen Kunstgriff, wie eine Prise Salz die Suppe, erst schmackhaft. Eine, die man runterschlucken kann. Unser Management ist mit dem bisherigen Projektfortschritt vertraut, wir haben es ja auf dem Laufenden gehalten. Es ist eben kein Spaziergang, sondern fordert alle heraus, ihr Bestes zu geben. Deshalb ist es einfach unwahrscheinlich, dass andere eine Lösung für ein Problem haben, an dem wir immer noch nagen.

Wir arbeiten seit Monaten an einer Lösung und die wollen das plötzlich gelöst haben? Unsinn!

Wer das glaubt, ist schon sehr naiv. Haben die eigentlich das tatsächliche Problem gelöst? Ist das ein Kundenproblem? Nicht, dass der Kunde nicht ohnehin im Mittelpunkt steht, nur: Dort steht er im Weg. Passend zum Anlass dient er nun als feine Ausrede für unsere Tatenlosigkeit. Warum etwas anpacken, das nicht nachgefragt ist?

Unsere Kunden werden das nie akzeptieren.

Wenn man ihn braucht, den Kunden, dann wird schnell mal die Eskalationsstufe VIII „Appelliere an höhere Instanzen" als Rechtfertigung angewandt. Das nennt man agiles Arbeiten.

16. Kunstgriff: Das wird nicht durchgehen

Mit steigendem Alter wurde mir immer mehr die Unmöglichkeit bewusst, es allen recht zu machen. Aber allen tierisch auf den Sack gehen, das ist ein Kinderspiel.

Oblomow, der in die Literaturgeschichte eingegangene gleichnamige Protagonist aus dem Roman von Iwan Gontscharow, wird gern als Synonym für den Faulpelz herangezogen, der immer viele Pläne schmiedet, aber sich nie aufraffen kann, aus seinem Bett zu steigen und endlich seine Untätigkeit zu überwinden. Er stirbt dort, wo er lebte: in seinem Bett.

Die modernen Zeitgenossen Oblomows sind uns näher, als wir denken. Ich meine allerdings nicht die Teenager in unseren Haushalten, in deren Betten andere physikalische Gesetze zu gelten scheinen und die Schwerkraft dort so groß ist, dass sie mit ihrer Matratze verschmelzen, nein, ich meine Beamte. In Österreich sind das die Hofräte Hinsichtl und Rücksichtl, die Eingaben vor allem danach abwägen, ob sie der oberen Instanz etwa Umstände machen könnten. Und das tun Eingaben zumeist. Korrekter: Sie tun es eigentlich immer.

Die von den Hofräten angewandte Technik kennt man auch als „vorauseilenden Gehorsam", der Eingaben nach den Gefahren und Risiken für das komplexe und fein kalibrierte Verhältnis zwischen allen Ebenen beleuchtet und die Wünsche der Vorgesetzten vorhersagt. Die Eingaben beginnen deshalb ein Eigenleben, das entweder dazu führen kann, dass sie im Irrweg des Bürokratiedschungels auf Jahre hinweg verschwinden oder sie so abgeändert werden, dass sie mit der eigentlichen Idee nur noch die Aktenziffer gemeinsam haben.

Der Begriff Beamter ist hier nicht nur auf solche Hofräte und ähnlich titulierten Personen im Staatsdienst beschränkt. Dazu zähle ich auch die „Zwischenbeamten", besser bekannt als die „mittleren Managementebenen", also alle, die irgendwie eine geistige Türsteherfunktion zwischen einfachem Mitarbeiter (den Ideenbringern) und oberster Geschäftsführung (den Über-Ideen-Bestimmern) einnehmen. Also der Typus, der zwischen Belästigern und Belästigten steht.

Die älteste bekannte Form sind diejenigen Stammesmitglieder, die Bittstellern bedeuten, dass der Stammeshäuptling für sie keine Zeit habe. Später wurden daraus die Höflinge, die dem verlausten Volk mitteilten, dass „seine Wohlgeboren" dem niederen Stand keine wertvolle Zeit von seinen Vergnügungen abzugeben gedenke.

Diese goldenen Zeiten, in denen man Bittstellern so direkt die Meinung sagen konnte, sind vorbei. Heute muss raffinierter vorgegangen werden. Die Andeutung von vage gehaltenen Gründen als Argument gegen eine Idee drängt sich auf. Dafür hat sich die Bandbreite an Belästigten erweitert, wie wir an diesem Beispiel sehen:

Das wird beim Betriebsrat nicht durchgehen.

Jeder so Adressierte mit etwas Grips erkennt sofort, dass beim Betriebsrat andere Gesetze gelten. Der Betriebsrat ist ein, geschichtlich gesehen, völlig neuer Typus von Belästigten, aber darauf kommen wir gleich noch einmal zu sprechen.

Der Zwischenbeamte wiederum kann sich als Verbündeter des Ideenüberbringers darstellen. Es wird damit implizit angedeutet, dass man ja selber gern helfen würde, aber der Betriebsrat alles tun wird, nur nicht helfen.

Der Betriebsrat ist nur eine Instanz, auf die man sich berufen kann. Beliebt sind auch die Rechtsabteilung ...

Zeigen Sie diese Idee mal der Rechtsabteilung! Die wird Ihnen das in der Luft zerreißen!

... oder der Vorstand ...

Das wird dem Vorstand aber nicht in die Strategie passen!

... oder der Alte ...

Dem Alten wird das nicht gefallen!

Und was dann passiert, wollen wir uns gar nicht erst ausmalen. Die umgekehrte Variante eignet sich unter Umständen auch. Diejenige, bei der eine Instanz „etwas abschaffen würde". Sie findet Anwendung bei Missständen, von denen scheinbar sehr viele vor einigen Jahrzehnten unsere Nation geplagt haben mussten, sie wurde nämlich zum geflügelten Wort:

Wenn das der Führer wüsste ...

Der Zwischenbeamte verhält sich wie Oblomow: Er redet und plant, was er alles tun würde, wenn er mal die Gelegenheit hätte, dem Führer etwas mitzuteilen. Kommt es aber unverhofft dazu, dann bleibt es doch wieder nur beim Anhimmeln und Händeschütteln.

Wer die Belästiger und wer die Belästigten sind, hat sich mit der Zeit erweitert. Wie geneigte Leser am Beispiel des Volkswagenkonzerns beobachten können, sind dort die Ideenüberbringer nicht die niederen Stände, sondern die höheren Ränge. Haben die VW-Chefs mal wieder eine verrückte Idee – wie etwa Elektroautos bauen oder Currywurst von der Speisekarte im Stammwerk nehmen –, dann kann mit lautem Donnern des Betriebsrats gerechnet werden. In anderen Firmen – und ich sage nicht, um welches Autounternehmen in einer bayerischen Großstadt es sich dabei handelt – sind die Belästiger ein Geschwisterpaar, besser bekannt als „die Gründerfamilie", die den Vorstand belästigen. Deren gelegentliche Standpauken werden geflissentlich ignoriert.

17. Kunstgriff: Wir haben nicht die Zeit

Was ist ein Kaffeehausliterat? Ein Mensch, der Zeit hat, im Kaffeehaus darüber nachzudenken, was die anderen draußen nicht erleben.

Anton Kuh

Wie können wir Zeit gewinnen? Ganz einfach: Physiker würden eine Lösung vorschlagen, die darin besteht, dass wir unsere gesamte Zivilisation außerhalb des Ereignishorizonts eines geeigneten schwarzen Lochs – beispielsweise der riesigen Löcher im Zentrum der meisten Galaxien – ansiedeln. Weil die Zeit in der Nähe des Schwarzen Lochs langsamer läuft, erscheint uns die Zeit in den entfernten anderen Welten als schneller voranschreitend. Abhängig davon, wie nahe wir uns dem Ereignishorizont nähern können, können diese anderen, die da zurückgeblieben sind, mehr Arbeit für uns erledigen. Computer würden dort beliebig schnell für uns arbeiten können.

Fehlt uns nur noch eine Möglichkeit, zum schwarzen Loch zu gelangen und mit dem Rest der Welt in Kontakt zu bleiben. Zum Glück sind Physiker Menschen, die jeden technischen Defekt erklären, aber nicht reparieren können. Damit sind Physiker die einzigen Lebewesen, gegen die wir nie Totschlagargumente anführen müssen, ihre Vorschläge führen nämlich ohnehin nie zu einer praktikablen Lösung und erledigen sich somit von selbst.

Damit bleibt uns dieser Kunstgriff noch längere Zeit erhalten. Zeit wird es nie genug geben – und Zeit ist Geld. Was die Zeit vor der Erfindung des Geldes war, ist leider nicht überliefert. Jedenfalls hat die Zeit etwas mit Geld gemein:

Wir haben nicht die Zeit!

Jenen, die andere gern leiden sehen, spielt eine Variante dieses Satzes in die Hände. Ein einziges Wort weckt nämlich die Hoffnung im Gegenüber, dass es in Zukunft die Zeit geben könnte.

*Wir haben **jetzt** nicht die Zeit!*

Mitnichten! Diese Zeit wird nie kommen. Subtiler geht das in der Praxis. Ein Geschäftsführer, der zwar volle Auftragsbücher hatte, den aber das Gefühl beschlich, sein Unternehmen müsste sich langsam nach neuen Produkten im Portfolio umsehen, wollte Innovation im Unternehmen großschreiben. Seinem engsten Mitarbeiter wollte er dieses Thema schmackhaft machen. Dieser hatte sofort die Antwort parat:

Ich bin eh schon mit 120 Prozent ausgelastet und jetzt soll ich Innovation auch noch machen?

18. Kunstgriff: Das haben wir immer so gemacht

Warum muss es immer so gemacht werden, wie es früher gemacht wurde? Wenn das konsequent geschähen wäre, säßen wir heute noch auf den Bäumen!   Erich Kästner

Menschen und Primaten lernen durch Imitation. Dabei helfen uns die sogenannten Spiegelneuronen. Das sind Nervenzellen in unserem Gehirn, die beim Betrachten eines Vorganges aktiv werden und dabei ähnliche Muster zeigen, wie wenn wir den Vorgang selbst ausführen würden. Pornos leben davon, aber auch ganze Generationen von YouTubern und Influencern, die vor laufender Kamera zum Beispiel genüsslich Speisen verzehren und Zusehern damit Appetit machen.

Imitation ist die Art, wie wir lernen. Tanzen, Zeichnen, einen Holztisch konstruieren, Debattieren, die Gabel verwenden, jemandem den Vogel zeigen. Kinder lernen die Welt zu begreifen, indem sie die Erwachsenen imitieren.

Imitation allein bedeutet nicht, dass die Handlung verstanden wurde, wie eine Studie zeigte. Bei Experimenten mit Kindern und Affen sollten diese Süßigkeiten aus den Löchern einer verschlossenen, durchsichtigen Plastikschachtel holen.

Der Experimentator führte vor, wie die Süßigkeiten herausgeholt werden konnten. Dabei benutzte der Leiter des Experiments eine Vogelfeder, mit der er zuerst an der Schachtel entlangstrich, bevor er die Süßigkeiten herausholte. Während die Kinder jeden Schritt des Experimentators nachvollzogen, beschränkten sich die Affen auf die notwendigen Schritte. Die Affen zeigten selektive Imitation und verstanden die Ziele und die Motivation besser als die Kinder.[11]

Wenn wir das als Überlegenheit der Affen interpretieren wollen, dann bitte gern. Ich frage Sie nur: Kann ein Affe lesen? Autofahren? Ein Haus bauen? Die ganze selektive Imitation hilft dem Affen nicht, denn wir haben Traditionen und wir sind zur Krone der Schöpfung geworden, weil wir Dinge so machen, wie sie immer gemacht wurden. Die Bewohner meiner – an einem bekannten Gewässer gelegenen – Heimatstadt Wien haben dazu folgende Weisheit entwickelt:

Bloß keine Wellen verursachen!

Wellen bringen das Boot zum Schaukeln, zum Schwanken und im schlimmsten Fall zum Kentern. Und das nur, weil wir etwas geändert und dadurch Wellen verursacht haben. Bei dieser Lektion kam mir nicht nur mein Wiener Hintergrund zugute, auch meine langjährige Arbeit in der Softwarebranche bescherte mir viele bestätigende Erkenntnisse. Softwaresysteme sind, wie viele andere historisch gewachsene Prozesse, ein mit heißen Nadeln gestrickter, dürftig zusammengeflickter und mit Spucke verklebter Organismus. Fällt nur ein Teil um oder wird ein Teil geändert, dann bricht das ganze System zusammen. Es kann sehr kostspielig sein, das System wieder halbwegs zum Laufen zu bringen. Das Mantra lautet somit:

Ändere niemals ein laufendes System (Never change a running system).

Auch im Sport ist diese Tatsache bekannt. Wann wird ein neuer Spieler eingewechselt? Wenn man verzweifelt ist und versucht, ein bereits verloren geglaubtes Spiel durch ein Wunder zu gewinnen. In der 85. Minute bringt der um seinen eigenen Job besorgte Trainer noch einen neuen Stürmer aufs Feld, der mit seiner Frische die Verteidigung durchbrechen soll. Gewinner hingegen wissen:

Wechsle nie eine siegreiche Mannschaft aus (Never change a winning team).

Wer also verlangt, ein laufendes System zu ändern oder Teammitglieder auszutauschen, gibt zu, dass er glaubt, in einem Team der Verlierer mitzuwirken. Die Konsequenz daraus: Wir tauschen ihn aus, denn sein Fehlen wird nicht bemerkt werden.

19. Kunstgriff: Das haben wir noch nie so gemacht

Menschen mit einer neuen Idee gelten so lange als Spinner, bis sich die Sache durchgesetzt hat.   *Mark Twain*

Als 1991 in den Ötztaler Alpen von einem deutschen Ehepaar eine Leiche auf einem auftauenden Gletscher entdeckt wurde, dachten sie zuerst an einen verunglückten Bergsteiger, der vielleicht seit Jahren als vermisst gegolten hatte. Bei näherer Untersuchung wurde klar, dass es sich bei der Mumie um einen Jahrhundertfund handelte. Der Mann vom Hauslabjoch, besser bekannt als „Ötzi", war ein vor 5.000 Jahren verunglückter Bewohner der Jungsteinzeit.

Kaum war Ötzi ausgebuddelt und seine Bedeutung erkannt worden, begann auch schon der Streit darum, wem die Mumie gehört. Dieser Similaun-Mann hatte nämlich nichts Besseres zu tun gehabt, als ausgerechnet an der Grenze zwischen Südtirol und Tirol, also zwischen Italien und Österreich, abzukratzen.

War Ötzi damit „Italiener" oder „Österreicher"? Das diplomatische Tauziehen dauerte an, denn die Grenzziehung an besagter Stelle war auf den ersten Blick nicht eindeutig. Das erregte die Gemüter und die Bevölkerung trug ihr Scherflein bei. Ein Anrufer aus Tirol, also aus Österreich, fasste die Faktenlage folgendermaßen zusammen (hier aus dem schwer verständlichen Tirolerischen ins Hochdeutsche übersetzt, allerdings mit den doppelten Verneinungen wie im Original):

> *Das kann kein Italiener nicht sein, weil ein Italiener noch nie nicht so hoch gekraxelt ist.*

Italiener, man merke sich das, hätten das noch nie so gemacht. Das Kraxeln auf hohe Berge nämlich. Das tun sie heute nicht und schon gar nicht taten sie das vor 5.000 Jahren. Diese Ausdauer, etwas nicht zu tun, passt perfekt für unsere Argumentationsketten.

> *Wir sind bisher ohne Kundenbefragungen ausgekommen und wir werden auch in Zukunft ohne sie auskommen.*

Vor allem in Kombination mit der gewinnenden Strategie aus dem vorherigen 18. Kunstgriff „Das haben wir immer so gemacht" lassen sich zart erblühende Ideen zu einer neuen Herangehensweise im Keim ersticken. Unerprobte Ideen haben nämlich die unangenehmen Eigenschaften, dass man nicht weiß, ob und wie gut sie funktionieren. Und wenn sie überhaupt funktionieren, dann binden sie Ressourcen und Zeit. Lauter Dinge, die wir einsparen können, wenn wir auf Bewährtes setzen. Nehmen wir den Vorschlag an, dann schafft dieser Unsicherheit. Die Leute werden nervös, sie fragen ständig nach, sie schaffen Mehrarbeit, Manager müssen den simplen Arbeitsameisen die Händchen halten und sie beruhigen. Also echt, dafür haben wir weder die Zeit noch die passende Ausbildung. Der Satz

Das haben wir noch nie so gemacht!

bedeutet nicht etwa, dass wir es deshalb noch nie so gemacht haben, weil wir dämlich sind und uns die Idee noch nie in den Sinn gekommen wäre. Nein, wir wissen einfach, dass die Idee so nicht funktionieren kann. Woher wir dieses Wissen haben, wenn wir es noch nie gemacht haben, ist nebensächlich und tut nichts zur Sache. Ein einfacher Mitarbeiter mit einer Idee kann das nicht verstehen, denn der ist noch nie nicht so erfahren wie wir.

Eskalationsstufe V: Lass Nebelgranaten steigen

Ein Bikini ist wie ein Stacheldrahtzaun: Er schützt das Gelände, ohne die Aussicht zu verdecken.

Karl Farkas

Mitunter kann es sehr mühsam sein, wenn sich eine Debatte hinzieht und einfach nicht aufhören will, während schon Würdigeres unsere Aufmerksamkeit verdienen würde.

Dabei hilft Diversion. Das ist die Form der Ablenkung, die Debattenteilnehmer wie wir – mit langjährigem Erfahrungsschatz und tiefer Belesenheit – ohne Mühe aus dem Hemdsärmel schütteln können. Diese auch als „Red Herring" bekannten Kniffe legen eine falsche Fährte, die vom Thema ablenkt und nie wieder zu diesem zurückkehrt. Sie kommt dann zum Einsatz, wenn man dem Debattengegner die eigentlich unverdiente Höflichkeit bezeugen will, indem man dem letzten Rest seiner Würde und den schon peinlich wirkenden Argumenten auf sanfte Weise den letzten Tritt versetzt.

Man stiftet Chaos durch Nebelgranaten. Geschickte Gastgeber kennen den Trick. Kriegen sich bei einer gemütlichen Zusammenkunft die Teilnehmer in die Haare, dann herrscht für die Gastgeber Alarmstufe Rot! Beispiele hierfür wären die unterschiedlichen politischen Ansichten oder die richtige Herstellung einer Sachertorte, bei der die Wiener Gäste diskutieren, ob die Marillenmarmelade – Pardon, die Aprikosenkonfitüre – auf den Tortenboden geschmiert wird, bevor sie mit Schokoglasur überzogen wird, oder ob sie zusätzlich noch eine zweite „Aprikotierung" in der Mitte des Tortenbodens erhalten darf.[12]

Das ist der Moment, in dem unser Intellekt durch blitzschnelles Denken gefordert ist und eine Nebelgranate steigen lässt.

20. Kunstgriff: Es gibt wichtigere Probleme

Wenn mir Leute sagen: „Morgen wirst du das bedauern", dann schlafe ich einfach bis Mittag, denn ich bin ein Problemlöser!

Schon nach kurzer Zeit in den USA fiel mir auf, dass dort niemand von Problemen, sondern immer nur von Herausforderungen sprach. Die Vom-Tellerwäscher-zum-Millionär-Mentalität der Amerikaner sieht nicht jede Schwierigkeit als unüberwindbares Problem, sondern als Herausforderung, an der man wachsen und die man meistern kann.

Für unsere Zwecke müssen wir den Begriff „Herausforderungen" unbedingt vermeiden.

Herausforderungen sind Probleme für Naive.

Das Wort „Problem" deutet unmissverständlich an, dass es nun sehr ernst und schwierig, ja eigentlich unmöglich wird und man nun ein Wunder braucht. Man braucht hier die Erwachsenen.

Wunder sind positiv bewertete Katastrophen. – Stefan Schütz

Ideen und Vorschläge schaffen unweigerlich Probleme, meist solche, die wir nicht vorhersehen können, aber auch jene, die selbst unsere Oma vorhersagen kann (zu diesem 37. Kunstgriff: „Selbst ... weiß, dass ... " kommen wir noch). Und solche Probleme haben uns auf unserer bereits übervollen Liste an Problemen so gefehlt wie ein aufgerollter Zehennagel.

Wir haben ganz andere Probleme!

Dabei gibt es keine Diskussion, dass unsere ganz anderen Probleme nicht nur anders, sondern auch wesentlich kritischer und dringlicher sind. Es kommt somit gar nicht infrage, dass wir uns noch weitere Probleme aufhalsen.

Eine Variante dieses Kunstgriffes ist, ein Problem zu verdrehen, indem man wie vom Blitz der Erkenntnis getroffen ruft:

Das eigentliche Problem ist ein anderes!

Damit übernimmt man die Kontrolle über die Idee, die ja ein Problem lösen soll, indem man das Problem umdefiniert und die eigene Idee durchsetzen und – als angenehmen Nebeneffekt – die Ideen anderer abschießen kann. Nicht nur schiebt man die Nebenbuhler und deren Ideen damit zur Seite, man positioniert sich auch deutlich vor Entscheidungsträgern als jemand, der als Einziger geschnallt hat, worum es wirklich geht.

21. Kunstgriff: Wir sollten zuerst den Hunger auf der Welt lösen

Meine Hobbys umfassen Essen und auch das Denken daran, was ich beim nächsten Mal essen werde.

Julius Cäsar wird nachgesagt, dass er nicht nur kam, sah und siegte, sondern dass er alles gleichzeitig machte. Er siegte, während er kam und sah. Oder war es umgekehrt? Den Erzählungen seiner römischen PR-Truppe vor 2.000 Jahren zufolge hat er gleichzeitig Briefe diktiert, seinen Militärkommandanten Anweisungen erteilt, ein Buch geschrieben und Kleopatra geschwängert – und all das, während er seine Zehennägel feilte und Yoga machte.

Er war nicht der einzige Herrscher, dem solche Fähigkeiten angedichtet wurden. Auch Napoleon Bonaparte habe fünf Briefe gleichzeitig diktieren können und damit das Problem der Arbeitslosigkeit unter Sekretären eigenhändig gelöst.

Das sollte uns skeptisch werden lassen, denn Gewinner lassen sich ihre Geschichten schreiben. Und Wissenschaftler haben sich seit dem Erscheinen der Wunderwerke der Elektronikindustrie verstärkt die Frage gestellt, ob wir Menschen wirklich so gut Multitasking betreiben können, vor allem, wenn wir nicht über dieses spezielle Chromosom verfügen, das uns zur Frau macht. Und die eindeutige Antwort ist: Wir produzieren Scheiße, wenn wir Aufgaben parallel machen. Ein Grund, warum so viele ihr Smartphone aufs WC mitnehmen.

Ist das beim einzelnen Mann bereits problematisch, wenn er fünf Aufgaben gleichzeitig erledigen will, dann stelle man sich erst das Ergebnis vor, wenn acht Milliarden Menschen acht Milliarden verschiedene Aufgaben erledigen wollen. Wir können das gar nicht!

Wie also will uns einer dieser Ideenhaber weismachen, dass – sagen wir mal – Raumschiffe gebaut werden sollten, um den Mars zu bevölkern? Oder die über den Gartenzaun hängenden Äste abzusägen wären? Oder die Tochter in die Reitstunde gebracht werden soll? Sollte nicht zuerst der Hunger auf der Welt gelöst werden, bevor wir all diese Probleme anpacken?

So viel Einsicht sollte man auch von diesen Leuten erwarten.

22. Kunstgriff: First World Problems

Meine Beinfreiheit in der Businessklasse ist so groß, dass ich den Touchscreen für die Programmauswahl nicht erreichen kann.

Der schwedische Arzt und Professor für Internationale Gesundheit, Hans Rosling, zertrümmerte mit seinem internationalen Bestseller „Factfulness" das für viele so bequem greifbare Argument, dass die sogenannte Erste Welt, also wir, immer und überall besser dastehen würde als die Entwicklungsländer, also die in Afrika, Teilen von Asien oder Berlin-Neukölln. Uns schweben dabei Bilder von ausgemergelten Gestalten vor den Augen, die nur mit Lumpen bekleidet und auf der Erde hockend um Almosen betteln, während wir am Prosecco nippend durch TikTok-Videos am Smartphone scrollen und dabei jammern, weil uns der Nagellack an einer Stelle abgeblättert ist.

Dem ist nicht mehr so, wie Rosling mit vielen Zahlen und Fakten belegt. Nicht nur sind Armut, Hunger, Kindersterblichkeit und Analphabetismus in den letzten Jahrzehnten weltweit drastisch gesunken, die Länder der sogenannten Dritten Welt lassen uns auch in etlichen Bereichen als ziemliche Hinterwäldler dastehen. Klimpern wir Europäer in weiten Teilen Afrikas und in China mit Münzen und winken mit Banknoten, werden wir angesehen, als ob wir direkt dem Mittelalter entsprungen wären. Digitale Währungen wie M-Pesa oder Bezahldienste wie Alipay und WePay sind so verbreitet, dass die traurige Geschichte zweier Diebe durch die chinesischen Medien ging, die in der Großstadt so erfolglos bei ihren Überfällen waren, dass sie nicht einmal genug Bargeld gestohlen hatten, um sich Zugfahrkarten für die Rückfahrt in ihre Heimatprovinz leisten zu können.

Doch unsereins kümmert das nicht, denn wir sind hier in unserer eigenen Blase und dieser Kunstgriff wird aus guten Gründen noch auf lange Sicht nicht aus unserem Killerphrasen-Repertoire verschwinden.

Stellen wir uns nun vor, ein Kollege schlägt uns eine überflüssige, vielleicht auch etwas frivol und extravagant anmutende Verbesserung vor. „Lasst uns diese Schaltfläche ein bisschen weiter nach oben rücken." Oder „Das wäre ein praktischer Teller mit einer Halterung für das Weinglas, damit man auf der Cocktailparty auch im Stehen essen kann." Oder ein Freund schildert uns sein Problem bei Starbucks: „Ich bin so sauer! Haben die mir doch glatt echte Milch statt der von mir bestellten Mandelmilch in den Kaffee getan." Um welche Probleme handelt es sich hier? Richtig geraten:

Das sind Erste-Welt-Probleme!

Es wäre toll, wenn wir nur diese Probleme hätten, damit wir Vorschläge ausarbeiten könnten, um sie zu lösen. Haben wir aber nicht, deshalb ist es genau das hier:

Ein Luxusproblem!

Luxusprobleme begegnen uns überall. Und jedes Land hat seine eigenen Luxusprobleme. In Österreich zeugt der Kampfruf „Zweite Kassa bitte!" davon, dass die ungeduldigen Shopper zu lange vor der einzigen offenen Kassa warten müssen. In Deutschland ist es das Hupen, wenn der vor uns stehende Gewinner eines Führerscheins in der Lotterie nicht gleich mit dem Grünsignal an der Ampel losfährt. Und in der Schweiz, wenn man das Fenster schließen muss, weil das Kuhglockengebimmel schon wieder nervt.

Im Silicon Valley würde man nicht die Erste und Dritte Welt als Vergleichskriterien heranziehen, sondern das Silicon Valley und den Rest der Welt. Ein Haschischzigaretten-Rolldienst für den schwer beschäftigten Start-up-Gründer? Miniaturisierte Weihnachtsdekorationen mit LED-Licht für den Hipsterbart? Eine Saftpresse für 400 Dollar, die nicht etwa frische Früchte und Gemüse auspresst, sondern einen Plastiksack mit schon Ausgepresstem?

Das ist die reinste Form einer Silicon-Valley-Idee, die mir je untergekommen ist.

Den Plastiksack von Juicero, so der Name des Saftpressenherstellers, konnte, wie ein Journalist herausfand und darüber dann einen saftigen Bericht schrieb, mit der Hand ausgepresst werden, ohne dafür den teuren „Entsafter" zu benötigen. Fünf Monate und 120 Millionen Dollar später war auch diese Silicon-Valley-Idee ausgepresst. Ein Luxusproblem, seine zarten Programmiererhändchen nicht mit Saftauspressen belasten zu müssen.

23. Kunstgriff: Bill Gates

Ich habe meine Covid-Impfung erhalten, aber meine WLAN-Verbindung ist immer noch schlecht!

Was soll Bill Gates nicht alles der Menschheit angetan haben. Microsoft Windows, Office und dann auch noch Chips, die er in Impfstoffen versteckt und Menschen injiziert, damit er ihnen besser nachspüren kann.

So und nicht anders lauten die Argumente von Querdenkern und anderen Leuten, die nicht ganz so begeistert sind von diversen prominenten Unternehmern. Ihr Unmut richtet sich dabei nur gegen eine bestimmte Art von Prominenten: jene, die ihre Unternehmen nicht geerbt, sondern selbst gegründet haben. Das reicht aber noch nicht, um sie zu einem Ziel von Querdenkern zu machen. Sie müssen auch noch recht häufig öffentlich auftreten und Gutes tun oder Gutes im Sinn haben. Zum Beispiel die Forschung nach Medikamenten gegen Krankheiten fördern, von der viele Menschen in armen Ländern betroffen sind. Oder ein Auto bauen, das weniger umweltbelastend ist. Oder Raketen bauen, mit denen die Menschheit den Mars besiedeln und damit multiplanetar werden kann. Die besten Kandidaten sind heute prominente Unternehmer wie Bill Gates oder Elon Musk.

Total ungeeignet sind Figuren, die im Hintergrund stehen. Die Langweiler. Die wenig Inspirierenden. Wie beispielsweise die Koch-Brüder in den USA, die seit Jahrzehnten gezielt versuchen, Maßnahmen zum Umweltschutz durch das Verteilen großzügiger Spenden an Politiker zu verhindern. Oder die Erben und Manager von Rüstungskonzernen, Stahlunternehmen, Ölfirmen und anderen Branchen. Oder jene, die wirklich miese Arbeitsbedingungen in ihren Schlachtbetrieben haben. Diese Personen kennt niemand und sie locken damit auch keinen Hund hinter dem Ofen hervor.

Bill Gates will uns alle chippen und tracken!

Solch ein Schlachtruf der Querdenker klingt nicht für alle so durchgeknallt, wie er ist. Und damit hat diese Form von Argumentation auch Potenzial für uns. Auf einen Vorschlag für ein neues Produkt, einen Fertigungsprozess oder eine strategische Neuausrichtung lässt sich in etwa so warnen:

Wenn wir das machen, dann hat Bill Gates uns genau dort, wo er sich ganz leicht unsere Kunden schnappen kann!

Oder so:

Wir stecken all das Geld und die Ressourcen hinein, dann muss Elon Musk nur den Schalter umlegen und wir sind tot.

Gegen die Macht und die Ressourcen dieser Multimilliardäre haben wir offensichtlich keine Chance. Das müsste eigentlich jeder recherchieren können, der halbwegs vernünftiges WLAN hat. Ach Moment, Sie sind ja Querdenker, die sind ja nicht mit Bill Gates' Chips geimpft.

24. Kunstgriff: Geheuchelte Bescheidenheit

Hinter jedem erfolgreichen Mann steht eine Frau, die mit den Augen rollt.
Jim Carrey

Peter Falk war in seiner Rolle als Inspektor Columbo ein Meister der geheuchelten Bescheidenheit, da er die Tatverdächtigen – zumeist irgendwelche präpotenten Reichen – in Sicherheit wiegte, indem er sich als Schussel ausgab. Häufig löste genau diese Schauspielerei die Zungen der Tatverdächtigen und machte sie unvorsichtig. Und so verrieten die sie ihm dann ein Detail, das zur Lösung des Kriminalfalles führte.

Auch Fürst Lew Myschkin, in „Der Idiot" von Fjodor Dostojewski, wird durch sein naives Aussehen und seine Schweigsamkeit bei seinem Aufenthalt in einem Schweizer Sanatorium als jemand angesehen, dem man alles anvertrauen kann. Im Laufe der Erzählung wenden sich seine Bekannten und Verwandten immer wieder an ihn, um ihm ihre wahren Motive und Gefühle über die anderen Protagonisten zu verraten, in dem Glauben, er würde sie ohnehin nicht verstehen. Am Ende aber ist er derjenige, der den besten Überblick hat.

Und diese Technik kann hier eingesetzt werden, indem man sich durch Bemerkungen bescheidener macht, als man ist, und dabei das Gegenüber einlullt. So lässt sich die Opposition zu einem Vorschlag mit folgenden Worten ausdrücken:

Lieber Herr Kollege, ich habe leider nicht die Erfahrung mit Tik-Tok-Tanzvideos wie Sie – und generell nicht mit diesem neumodischen Internetzeugs. Dazu bin ich schon zu alt. Aber könnten Sie mir nochmals ihren Vorschlag erklären, wie zehn Sekunden lange Videos mit knalliger Musik und lustigen Videofiltern unsere Brennstäbe für Kernkraftwerke verkaufen können?

Hilfreich ist dabei ein wenig angesehener Studiengang oder gar jegliches Fehlen dieser Qualifikation, um die Bescheidenheit zu steigern.

Ich bin ja nur Sozialwissenschaftler, deshalb verstehe ich das wohl nicht. Aber ...

Diese Technik funktioniert übrigens nur dann, wenn man wirklich nicht der Idiot ist. Aber die Tatsache, dass Sie, werte Leserin, werter Leser, dieses Buch in den Händen halten, ist der Beweis, dass sie es nicht sind. Idioten können nicht gleichzeitig lesen und den Inhalt begreifen. Haben Sie es verstanden?

Ganze Karrieren lassen sich darauf aufbauen. Der amerikanische Comedian Rodney Dangerfield war bekannt für seinen Standardsatz

Man respektiert mich nicht ... („I don't get no respect ..."),

um dann eine Geschichte zu erzählen, in der er zum Esel (oder auch nicht) gemacht wurde. Auch deutschsprachige Kabarettisten wenden diese Technik an. Der unter dem Namen *Olaf Schubert* auftretende Sachse Michael Haubold signalisiert mit seinem ärmellosen Argyle-Pullover den einfachen, leicht unterbelichteten Pseudo-Intellektuellen aus der Vorstadt, den er dann mit seinen Beobachtungen und Wortspielen auf charmante Weise widerlegt. Michael Niavarani, der aktuell vermutlich erfolgreichste österreichische Kabarettist, spielt regelmäßig auf seine persischen Wurzeln und den niemals gemachten Maturaabschluss (auf Deutsch: Abitur) an, die ihn wohl am beruflichen Erfolg hindern würden.

Ich habe keine Matura und ich bin schon mal mit dem Zug gefahren.

Das Gegenteil dieser Technik ist, wenn man seine Bescheidenheit fahren lässt und seine eigene Bedeutung als Argument hervorhebt. Und das bespreche ich im 30. Kunstgriff: „Ich bin wichtig."

25. Kunstgriff: Gerüchte streuen

Gerüchte soll man ernst nehmen, wenn sie dementiert werden.

Jules Renard

Gerüchte und Fake News haben einen schlechten Ruf. Jeder wird öffentlich seine Verachtung darüber ausdrücken, aber im Privaten interessieren sich dann doch alle dafür. Sie erfüllen einen Zweck: ein Gefühl für die Wahrheit und die Stimmung zu bekommen und das schnell. In manchen Fachgebieten bewahrheiten sich Gerüchte immer, vor allem am Kapitalmarkt. Verbreitet jemand das Gerücht, dass die Aktienkurse fallen werden, dann fallen sie auch.

Der Kunstgriff kann Gerüchte über zwei Elemente streuen: einerseits über den Vorschlag und die notwendigen Grundlagen an sich, andererseits über den Vorschlagenden selbst. Im ersten Fall ist es empfehlenswert, das Gerücht in einer Besprechung offen zu äußern:

Wie mir meine Kontakte bei der Behörde vertraulich mitgeteilt haben, soll bald eine Regelung herauskommen, die diesen Vorschlag verhindern würde.

Ob diese Regelung kommt – und wenn, wann genau –, ist dabei schon nebensächlich. Zugleich gelingt es dem Gerüchtestreuer auch, sich als gut vernetzt und bestens informiert zu präsentieren, also sich als jemand darzustellen, auf den man hören sollte. Bis das Gerücht widerlegt ist, wird schon so viel Zeit verloren gegangen sein, dass es zu spät für die Umsetzung des Vorschlages ist.

Die zweite Variante muss im Hintergrund, im Vertraulichen geschehen.

Haben Sie schon gehört? Der Herr Kollege soll zu später Stunde gesehen worden sein, als er mit aus der Hose gerutschtem Hemd aus dem Büro der Chefin kam ... Von mir haben Sie das nicht!

Je saftiger solch ein Gerücht, desto rascher macht es die Runde. Darüber wird dann nur hinter vorgehaltener Hand gesprochen, abgestimmt wird anschließend mit gehobenen Händen. Und die stimmen dann gegen den Vorschlag.

Gerüchte und Fake News sind keine Erfindung der Neuzeit. Schon in antiken Zeiten, also um 1990 herum, rühmte sich so mancher seiner Fähigkeit, diesen Kunstgriff anzuwenden.

Institut für Organische Chemie an der Technischen Universität Wien. Der Institutsvorstand sieht in seinen Unterlagen, dass wieder einmal das Budget kräftig überzogen wurde. Ein Posten sticht heraus. Ein besonders teures Lösungsmittel wurde von den Doktoranden allzu großzügig eingesetzt. Trotz der vielen Appelle, sparsam damit umzugehen, hat sich die Lage nicht gebessert. Deshalb streut der Professor ein Gerücht: „Haben Sie schon gehört, Herr Kollege? In der neusten Ausgabe des Fachjournals steht, dass dieses Lösungsmittel angeblich impotent machen soll. Haben Sie es auch gelesen?" Von diesem Moment an war das Budget nie wieder überzogen.

Eskalationsstufe VI:
Werde persönlich

Denken Sie immer daran, dass es ohne Dummheit keine Intelligenz geben würde und ohne Hässlichkeit keine Schönheit. Gerade deshalb braucht die Welt sie!

Es ist an der Zeit, die Welt der Sachargumente zu verlassen und endlich die Kunstgriffe zu besprechen, die am meisten Spaß machen: diejenigen, die das Gegenüber beleidigen. Einige der besprochenen Techniken sind so subtil und – zugegeben – unser Gegenüber geistig so beschränkt, dass gar nicht bemerkt wird, was da gerade abgeht. Andere Techniken kommen der Holzhammermethode nahe. Welcher Kunstgriff unter welche der beiden Kategorien fällt, hängt immer vom Gegenüber ab. Und das kommt uns recht, denn es vergrößert unseren Spaß daran.

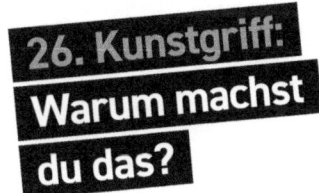

26. Kunstgriff: Warum machst du das?

Probleme sind für mich wie Brüste. Wenn du die anfasst, machts am meisten Spaß!

Bernd Stromberg

Künstliche Intelligenz ist die neueste Sau, die durchs Dorf getrieben wird. Es ist die Rede von Superintelligenz, von Terminatoren und von der Gefahr, dass Menschen durch KI zu Sklaven gemacht werden. Dazu fehlen aber Grundvoraussetzungen. Eine KI tut nur das, was wir ihr aufgetragen haben. Sie folgt eng den Regeln, die wir vorgeben – nur interpretiert sie diese gelegentlich zu wörtlich.

Kinder hingegen machen das Gegenteil. Sie lernen über die Regeln, nicken auch zustimmend, wenn wir sie fragen, ob sie diese verstanden haben, nur um dann genau das Gegenteil zu tun. Kinder wissen, wie man Regeln bricht, und sie wissen, dass sie sie brechen. Und sie tun das aus gutem Grund: Sie lernen. Und sie haben sehr viel zu lernen, um willenlos funktionierende Rädchen im Räderwerk von Wirtschaft und Gesellschaft zu werden.

Kinder sind Frage- und Experimentiermaschinen. Unter zweieinhalb Jahren sind ihre Arten von Fragen recht simpel gestrickt: „Was ist das?", „Was macht das?", „Wo ist mein Ball?", „Was macht der Mann da?" Ältere Kinder stellen Fragen nach Funktion und Motivation: „Wie geht das?" und „Warum macht der Mann das?" Auch Fragen nach dem Ursprung, Sinn und Werden von Dingen werden gestellt: „Was sind Promille?", „Wenn ich 16 bin, werden dann alle Erwachsenen tot sein?" Wenig schmeichelhafte Fragen wie „Hast du die Pyramiden gebaut?" oder „Warst du mal ein Affe?" kommen aus ihren Mündern.[13]

Und wie mit einem Kind muss man auch manchmal mit einem Kollegen sprechen, der die Regeln bricht und meint, seine eigenen Ideen umsetzen zu müssen, während seine Arbeit liegen bleibt und andere dafür einspringen müssen. Deshalb sollte auch die Frage ganz einfach gehalten werden, damit er sie versteht:

Warum machst du das?

In diesem Satz stecken implizit mehrere Aspekte, die, je nach Betonung der Wörter, die Frage präzisieren. Die Betonung auf das Wort „warum" stellt generell die Frage nach der Sinnhaftigkeit seines Tuns. Warum bitte, warum?

***Warum** machst du das?*

Betonen wir das Zeitwort „machen", dann stellen wir die Frage, warum er nicht zuerst darüber nachdenkt, recherchiert, einen Aufgabenkatalog verfasst, eine Präsentation vorbereitet – nur eben nicht sofort an die Aufgabe ranmachen und sie umsetzen. Also nur kein überstürztes Herangehen.

*Warum **machst** du das?*

Die Betonung des „du" streicht die Qualifikation hervor. Ausgerechnet er, dem man gerade das Schnüren der eigenen Schuhbänder zutrauen würde, macht das? Wie kommt er dazu, sich eine Aufgabe anzumaßen, die weit über seinem Können liegt?

*Warum machst **du** das?*

Hebt man das letzte Wort „das" hervor, dann richtet man den Fokus auf die Aufgabe. Es gibt so viele Aufgaben und du machst dich ausgerechnet an diese ran?

*Warum machst du **das**?*

Eine einfach gehaltene Frage wie diese, mit der Betonung am richtigen Fleck, hat schon so manchen Übereifrigen und seine Ideen an seine Grenzen gebracht.

27. Kunstgriff: Da könnte ja jeder kommen

„Sie halten mich wohl für einen vollkommenen Idioten?"
„Niemand ist vollkommen."
Karl Farkas und Ernst Waldbrunn, „Doppelconférence"

Meine weiblichen Leserinnen haben es sicherlich schon selbst erlebt: Sie sitzen in einer Familienrunde oder in einem Besprechungszimmer und das Familienoberhaupt oder der Chef fragt nach Lösungsvorschlägen. Eifrig wie die Streberin, die Sie in der Schule waren, melden Sie sich sogleich, die Worte platzen aus Ihnen heraus und Sie machen einen Vorschlag. Ergebnis: keine Reaktion. Ein männliches Familienmitglied oder ein männlicher Kollege setzt zum Reden an – habe ich schon gesagt, dass es sich um einen Mann handelt? – und macht genau den gleichen Vorschlag, den Sie gerade vorgebracht haben. Das Familienoberhaupt oder der Chef nickt zustimmend, dankt dem Mann und sagt: „Genauso machen wir es!"

Wenn es Ihnen, liebe Leserin, schon einmal so ergangen ist, dann verstehen Sie die Quintessenz dieses Kunstgriffs:

Da könnte ja jede(r) kommen!

Ideen können nicht einfach so von jedem vorgebracht und vorgeschlagen werden, denn das würde die natürliche Ordnung durcheinanderwirbeln. Und diese Ordnung wurde von hochrangigen Männern für hochrangige Männer geschaffen. Jetzt wollen auch die Weibchen und niederrangigen Männchen mitsprechen? Wo kämen wir da hin?

Deshalb müssen wir sicherstellen, dass die vorgeschriebene Vorgehensweise in dieser natürlichen Ordnung eingehalten wird.

Diesen Kunstgriff gibt es schon seit Urzeiten. Als es noch echte Kaiser, Könige und Adelige gab, waren durch die Herkunft und der mit ihr vererbten Titel der Rang und die Zugehörigkeit klar zu erkennen. Wer was durfte und wer wofür bestraft wurde, war eindeutig geregelt.

Was erlaubt er sich?

Deshalb ist es auch heute so wichtig, dass man nicht einfach die amerikanische Unsitte der Verwendung von Vornamen im beruflichen Umfeld übernimmt, sondern auf den formalen Umgangsformen beharrt. Der akademische Grad und der Berufstitel sowie das Geschlecht bestimmen dann automatisch, wer kommen darf und wer nicht – mit Vorschlägen, die auch ernstgenommen werden.

28. Kunstgriff: Wenn die Idee so gut ist, wieso hat das bislang niemand gemacht?

Mein Vater erfand die Einbruchsicherung, aber unglücklicherweise wurde sie ihm gestohlen.

Victor Borges

In diesem Kunstgriff geben wir einen Einblick, was das Management über die eigenen Mitarbeiter denkt. Wie kann eine Idee aus den eigenen Reihen wirklich gut sein? Wäre sie es, dann wäre sicherlich schon jemand darauf gekommen. Der Umkehrschluss ist, dass andere die Idee bereits gehabt haben mussten, aber dann nach intensiver Begutachtung erkannt haben, dass sie doch nicht gut ist.

Dieser Kunstgriff ist das Gegenteil des 15. Kunstgriffes: „Not invented here." Er ist auch unter dem Begriff „Not invented there" bekannt. Andere haben das bislang nicht erfunden und nun soll das ausgerechnet bei uns geschehen sein?

Eine Gegentaktik von hartnäckigen Übermittlern neuer Ideen ist es, Verbündete von „woanders" einzuladen. Und zwar mit dem alleinigen Zweck, darüber zu sprechen, wie diese Idee „woanders" eingesetzt wird und warum sie so toll ist. Killerphrasen-Meister wissen, wie darauf zu reagieren ist, nämlich mit dem 13. Kunstgriff: „Die Situation ist nicht vergleichbar."

29. Kunstgriff: Lenke durch persönliche Bemerkungen ab

Sie haben Ihren Kopf auch nur, damit es nicht in den Hals regnet.

Karl Farkas zu Ernst Waldbrunn in „Doppelconférence"

Herzlich willkommen! Wir sind bei der ersten Blutgrätsche unter den Totschlagargumenten angelangt. Mit dieser verlassen wir nun endgültig den festen Boden der Sachargumente und begeben uns zu Tatsachen. Denn was muss wohl mehr den Tatsachen entsprechen als die nun folgenden? Ohne auf irgendein Faktum einzugehen, hören wir auf unser Bauchgefühl und sprechen diese Intuition aus. Wie ist es denn anders möglich, dass unser Gegenüber so starrköpfig an seinem Vorschlag und seiner Idee festhält? Es kann nur einen Grund geben:

> *Dich hat deine Mutter wohl auch zu früh von der Brust genommen?*

Oder etwa:

> *Na, zu oft vom Wickeltisch gefallen?*

Oder vielleicht doch ein anderer, denn so viel Wunschdenken ist nicht normal:

> *Bist du etwa auf Drogen?*

Zu viele Drogen genommen oder doch zu wenig von anderen chemischen Verbindungen (O_2) geschnuppert?

Machen Sie mal das Fenster auf Kipp, damit wieder Sauerstoff
in Ihr Hirn kommt.

Solche Hirngespinste haben auch Auswirkungen auf andere Leute und ich meine damit nicht die Kollegen:

Mir tun deine Kinder leid.

Sollte das Gegenüber mit den Hirngespinsten eine Frau sein, dann verbreitet diese Killerphrase die richtige Stimmung:

Furzt da jetzt ein Mammut oder will mir hier eine Frau die Welt erklären?

Vorsicht! Es gibt da noch die Zustimmer. Also die Leute, die mit dem Überbringer von Vorschlägen und Ideen einer Meinung sind und das sogar öffentlich ausdrücken. So viel Geschmuse hält ja niemand aus:

Bitte nehmt euch doch ein Zimmer!

30. Kunstgriff: Ich bin wichtig

Die Bescheidenheit ist eine Zier, doch weiter kommt man ohne ihr.
Franz Grillparzer

Ich selbst bin wichtig, um das gleich vorneweg klarzustellen. Zumindest in meinem Universum, das nicht Millionen von Lichtjahre umfasst, sondern sich über einen Radius erstreckt, der selbst in einer Ameise Platzangst auslösen würde. Als ich vor einiger Zeit einen Wissenschaftsjournalisten, der Fernsehdokus macht, in Kalifornien zu Gast hatte, sprachen wir über belanglose Themen. Wie die Leute in Kalifornien so drauf sind; welchen coolen Sachen aus dem Silicon Valley wir wohl als Nächstes hinterherhecheln werden; wieso es in San Francisco immer so kalt ist. Doch dann erkannte ich mich als Ziel einer perfiden Technik. Um mir zu zeigen, dass er über die Gegend hier mehr wusste als ich – ich, der hier seit 20 Jahren lebt –, ließ er immer wieder prominente Namen fallen und was sie ihm zu diesen Themen gesagt hatten. „Mark Zuckerberg verriet mir unter vier Augen ...", „Als Elon Musk mir seine private Autosammlung zeigte, sprach er aber vom Gegenteil ..." Was war da los?

Diese als „Namedropping" bekannte Technik dient als Stellvertreter für die eigentliche Botschaft: „Schau her, ich bin wichtig." Denn wer, wenn nicht eine wichtige Person, hat die privaten Telefonnummern dieser Berühmtheiten auf seinem Handy gespeichert?

Dabei ist völlig belanglos, ob die erwähnte Berühmtheit etwas mit dem Fach zu tun hat.

Mir gegenüber hat Attila Hildmann erklärt, dass künstliche Intelligenz von Außerirdischen stammt.
Ich sage dir, Bruce Willis schwört auf diese Strickvorlagen.

„Namedropping" hilft, das Gegenüber zurechtzustutzen. „Was willst du mir denn schon sagen, wenn ich mit diesen Leuten per Du bin?" Folglich wird damit die Meinung und das Wissen des Gegenübers auf die Bedeutung geschrumpft, die sie haben soll: Sie sind belanglos! Das eigene Wissen und die eigene Meinung hingegen, auch wenn sie nur von den Prominenten übernommen wurden, werden überhöht.

„Namedropping" ist die glamouröse Version des 16. Kunstgriffs: „Das wird nicht durchgehen." Ist es dort nur „der Alte" oder „die Rechtsabteilung", so ist es hier die anerkannte Autorität „Bruce Willis" oder „Attila Hildmann".

Einen prominenten Namen fallen zu lassen ist aber nicht die einzige Technik, die signalisiert, wie wichtig man selbst und wie unwichtig der andere ist. Ich möchte hier zwei weitere vorstellen, die nicht von allen angewandt werden können. Sie verlangen gewisse Voraussetzungen.

Ein als Philosoph im deutschen Fernsehen herumgereichter langhaariger Germanist erklärte mir auf einer gemeinsamen Paneldiskussion, dass er nun sicher wäre, dass es selbstfahrende Autos auch in 20 Jahren nicht geben würde, weil Gespräche mit deutschen Automanagern, und zwar denen ganz oben, ergeben hätten, dass das nicht ginge. Und er hat ja recht. Wenn man seine ganze Energie darauf verwendet, anderen zu erklären, warum etwas nicht gehen kann, dann geht es auch nicht. Also bei denjenigen, die es einem erklären. Und wenn man die heute in San Francisco, Phoenix, Peking oder Shenzhen herumfahrenden Robotertaxis sieht, dann sind das nur Halluzinationen – gemacht von Leuten, die einfach zu dämlich sind, zu verstehen, dass es autonome Autos nicht geben kann.

Dabei erfüllen der langhaarige Germanist und seine Brüder und Schwestern im Geiste eine wichtige Aufgabe: Sie werden zum Sprachrohr für Leute, die eine Aufgabe eigentlich anpacken sollten, aber nicht wollen und können, also erklären sie es Zuhörwilligen, die noch weniger davon verstehen, welche dann wieder ihren Managern sagen, dass sie die Aufgabe als eine Unmöglichkeit betrachten würden, was diese wiederum darin bestärkt, sich nicht um diese Aufgabe zu bemühen.

Diese Variante ist die dankbarste, denn wir können eine beliebige dieser Rollen einnehmen. Als Zuhörwillige hat man die einfachste Rolle, während die des Managers eher für die älteren unter uns reserviert ist. Die des langhaarigen Germanisten ist dank der durch Covid-Lockdowns leider nicht möglichen Friseurbesuche ein Klacks. Man muss dabei nicht einmal ein Buch schreiben können, sondern nur ein paar E-Mails als zusammenhanglosen „Essay" mit viel Meinung irgendwo veröffentlichen.

Etwas anspruchsvoller ist die dritte Variante des „Ich bin wichtig!"- Kunstgriffs. Sie lautet „Macht Platz! Ich bin Influencer!" Egal ob man Videos veröffentlicht, in denen man sich darstellt, wie man Einkäufe auspackt, Tanzschritte vorführt, möglichst gelangweilt mit Make-up in die Kamera sieht oder in Sportarten wie Extremschaukeln eintaucht, man ist „Influencer". Unwichtig ist dabei, ob man 2.537.883 Follower hat oder nur 17. Wichtig ist, dass man schon mal ein Like auf das bislang einzige Video beim Eis essen erhalten hat. Herzlichen Glückwunsch, Influencer!

Mit diesem offiziellen Abschluss der Soziale-Medien-Kompetenz ist man ab sofort berechtigt, in allen Themenbereichen als Experte aufzutreten. Sollte jemand, dessen einzige Qualifikation es ist, dieses Thema jahrelang studiert und beruflich ausgeübt zu haben, zu den eigenen Beiträgen Gegenteiliges kommentieren, dann helfen einem die eigenen Follower schnell dabei, dem Kommentator mit seinen hässlichen Kommentaren auf die Sprünge zu helfen.

Ich bin Influencer! Lasst mich durch!

Was nicht mehr wirklich funktioniert, ist der Hinweis auf seinen materiellen Status, um die eigene Bedeutung hervorzuheben. Das neueste iPhone kann sich rasch jemand leisten und die wohlhabenden Bevölkerungsschichten sind oft bewusst schlechter gekleidet als der Pöbel. Selbst der Ferrari für zwei Millionen ruft nur noch ein müdes Lächeln hervor, wenn jedes Elektroauto einem beim Ampelstart stehen lässt. Der Grat zwischen Beeindrucken und Blamage ist sehr schmal. Beispiel gefällig? Eines habe ich immer noch.

Der Chef einer großen deutschen Softwarefirma wollte seiner weiblichen Begleitung bei einem romantischen Abendessen imponieren. Augenscheinlich fand die junge Dame einige der Behauptungen ihres Kavaliers doch etwas unglaubwürdig und ließ das auch durchblicken. Ob die alkoholgeschwängerte Stimmung oder sein verletzter männlicher Stolz – oder beides – dazu beigetragen haben, was als Nächstes geschah, ist nicht überliefert. Jedenfalls führte er das übermütige Weibchen zum nächstgelegenen Geldautomaten, steckte seine Bankkarte ein und zeigte ihr den Kontostand auf seinem Girokonto: Es war eine Ziffer mit sechs Nullen – in Euro – zu sehen. Dass es diese Begebenheit gewesen war, die ihn kurze Zeit später von seiner Aufgabe bei der Softwarefirma entband, kann kategorisch verneint werden. Techtelmechtel des Chefs mit jungen Damen sind doch weniger Entlassungsgrund, als nicht zu erkennen, dass der Aufsichtsratsvorsitzende noch wichtiger ist.

Bevor wir diesen Kunstgriff verlassen, möchte ich noch eine weitere, uns heute kurios erscheinende Variante vorstellen. Sie wird für keinen von uns mehr infrage kommen, denn ihre letzte beobachtete Anwendung fand bereits in prähistorischen Zeiten statt, also um 1987 Anno Domini (März oder September, um den genauen Zeitpunkt streiten die Wissenschaftler). Schauplatz war ein altehrwürdiges Luxushotel, angeblich in Rom. Es fand eine Wissenschaftskonferenz mit Teilnehmern aus den Bereichen Forschung und Industrie aus aller Welt statt. Der ideale Schauplatz für diesen Kunstgriff. Und wer war besser dafür geeignet als einer meiner alten Professoren? Dieser hatte die Kunst, wie man die eigene Wichtigkeit signalisiert, zur Perfektion gebracht. Und das ohne Worte.

Als es noch keine Handys gab, war es auf Reisen und Konferenzen schwierig, jemanden zu erreichen. Das Sekretariat meines Professors rief deshalb im Luxushotel an, in dem das Zimmer reserviert worden war, um ihn ans Telefon zu holen. Und wenn der Herr Professor nicht auf dem Zimmer erreichbar war, dann vielleicht in den üppig ausgestatteten Lobbys und Bars des Etablissements, natürlich in tiefe Gespräche mit ebenso wichtigen anderen Personen vertieft. Um ihn dort aufzufinden und ohne die Ruhe durch Rufe zu stören, pflegten Pagen mit einer hochgehaltenen Tafel herumzugehen, auf der sein Name und – besonders wichtig – der gesamte akademische Titel mit Kreide aufgeschrieben waren.

Jeder der Anwesenden warf einen Blick auf die Tafel, denn es konnte ja der eigene Name draufstehen. So wurde sichergestellt, dass alle, aber wirklich alle das Schild gesehen hatten. Nun musste der Herr Professor nur warten, bis er sich sicher war, dass dies geschehen war, und erst dann fiel seine bislang scheinbar seinen Gesprächspartnern gewidmete Aufmerksamkeit auf das vorbeigetragene Täfelchen. Nun galt es, sich mit theatralisch inszenierten Worten und Gesten, die unmöglich von den anderen Anwesenden übersehen und überhört werden konnten, bei seinen Gesprächspartnern für eine kurze Abwesenheit wegen einer dringlichen Meldung zu entschuldigen. Einen solchen Anruf tätigte die Sekretärin, auch wenn es keine dringliche Neuigkeit gegeben hatte, immer am ersten Tag des Hotelaufenthalts, kurz nachdem der Herr Professor im Hotel eingecheckt hatte, um sicherzustellen, dass auch ja alle im Hotel verstünden, welch bedeutenden Wissenschaftler sie da im Hotel zu Gast hatten.

In diese Liga, liebe Leser, werden wir nie aufsteigen. Erstens hat jeder ein Handy und solche Tafeln wären heute doch etwas befremdlich und zweitens ist allein das Residieren in einem Luxushotel schon ein stummes Signal für die eigene Bedeutung. Und hätten wir es so weit geschafft, dann, unter uns gesagt, würden wir die Zeit nicht mit diesem Buch in der Hand verbringen – oder es schreiben.

31. Kunstgriff: Das betrifft mich nicht

Wenn ich Geld sage, dann meine ich jene Materie, die auf dem Weg zum Finanzamt flüchtig unsere Finger streift.

Karl Farkas

Generationen von Kindern wuchsen mit der Aufforderung heran, auch an andere Menschen zu denken. Jeder erinnert sich sehr gut an diesen Satz, den unsere Erziehungsberechtigten aussprachen, wenn wir bei Tisch mal wieder meckerten und in unseren Essensresten herumstocherten:

> *Du willst nicht aufessen, während in Afrika die Kinder verhungern!*

Älter geworden, kommt uns die Logik befremdlicher vor, als sie uns schon damals erschienen war. Wenn ich das hier jetzt aufesse, dann haben die Kinder in Afrika doch gar nichts zu essen. Und wenn ich es nicht aufesse, dann kann ich zumindest versuchen, ihnen die Reste zu schicken, damit sie etwas zu essen haben.

Die Schlussfolgerung für Generationen von Kindern, die mit solchen Schuldzuweisungen zum Essen gezwungen worden waren, führte sie dazu, das Gegenteil zu vertreten. Was kümmern mich die Kinder in Afrika? Und manche dachten das weiter: „Was kümmern mich überhaupt die anderen Leute?" Diese ehemaligen Kinder kennen wir heute unter der Bezeichnung „Querdenker".

Wichtig bleibt, was einen selbst betrifft oder Leute, um die ich mich nicht kümmere, aber deren überzogene Forderungen mich einschränken. Ansonsten sind die mir ziemlich egal. Google Street View, ein damals neuer Online-Straßenkartendienst, der es ermöglicht, meine Straße und mein Haus im Internet in 3-D zu sehen, soll verboten werden, weil ich nicht will, dass Leute meine Gegend ausspionieren, um dann einbrechen gehen zu können. Dass Behinderte denselben Straßenkartendienst verwenden, um zu erkunden, ob ein Amt oder ein Geschäft mit dem Rollstuhl zugänglich ist, wird mit einem

Behinderte kümmern mich nicht! [14]

abgetan. Mich haben schon damals die Kinder in Afrika nicht gekümmert, warum sollte ich nun mit Behinderten anfangen? Angesichts einer weltweiten Pandemie verpflichtet zu sein, Masken zu tragen oder geimpft zu werden, nur damit man Menschen mit Vorerkrankungen und solche, die aus anderen Gründen nicht geimpft werden können, schützt, ist wider die Natur:

Die Natur will das so, dass die Schwachen aussortiert werden.

(Zum 40. Kunstgriff: „Das ist wider die Natur" kommen wir übrigens noch.)

Das betrifft mich aktuell nicht – und ehrlich, wer will schon etwas gegen den natürlichen Zyklus von Leben und Sterben unternehmen? Nur wenn es mich betrifft, dann aber habt ihr euch gefälligst um mich zu kümmern!

32. Kunstgriff: Mach es zum individuellen Problem des Gegenübers

Lernen'S ein bissl Geschichte, dann werden'S sehen, Herr Reporter, wie das in Österreich sich damals im Parlament entwickelt hat. [15]

Bruno Kreisky

Wenn uns die Berufswelt eines lehrt, dann, dass das Aufzeigen von Problemen zumeist immer für denjenigen ein Problem wird, der darauf hinweist. Meistens trifft es die jungen, unerfahrenen Mitarbeiter, die sich profilieren möchten und sich in der nächsten Besprechung einen Tagesordnungspunkt sichern. Wo bislang jeder andere um das Problem herumgearbeitet hat, ohne dass es jemanden juckte, will hier nun ein Übermotivierter Wellen erzeugen.

Übermotivierte(r): „Wir haben hier ein Problem!"

Ist man in Amerika, dann reden wir selbstverständlich nicht von Problemen. Im Land der unbegrenzten Möglichkeiten klingt das Wörtchen „Problem" doch zu negativ, stattdessen nennen wir sie „Herausforderungen".

Amerikanische(r) Übermotivierte(r): „Wir haben hier eine Herausforderung!"

Wie auch immer, die Reaktion darauf ist immer eine Frage, und zwar in einer Form wie dieser:

Chef: „Wer kümmert sich darum?"

Oder verfeinert und erweitert:

Chef: „Wer ist schuld daran? Wer kümmert sich darum?"

Solch eine Frage lässt bei den Anwesenden alle Alarmglocken schrillen und ihre Reaktion würde Meeresbiologen erstaunen. Auf die Frage folgt ein Phänomen, das bisher nur bei Kraken beobachtet wurde: Es ändern sich die Haut- und Haarfarbe der Untergebenen, selbst die Kleidung nimmt den Farbton der Büroeinrichtung an, für einen Moment erstarren alle und werden somit unsichtbar, perfekt mit der rauen Natur der Bürowildnis verschmolzen. Doch nur einer Person gelingt das nicht: dem Überbringer des Problems. Als ob der eiserne Blick des Vorgesetzten die Fähigkeit, unsichtbar zu werden, völlig lahmgelegt hat. Hat man noch Glück im Unglück, dann wird man nur zum Kümmerer gemacht:

Chef: „Herger, kümmern Sie sich darum!"

Hat man wirklich Pech, dann wird man auch zum Schuldigen gestempelt:

Chef: „Herger, Sie sind gefeuert. Aber zuerst kümmern Sie sich noch darum!"

Eine verfeinerte Variante ist die, das Gegenüber zum Verursacher des Problems zu machen. Es wäre ja kein Problem gewesen, wenn diese Person es nicht aufgebracht hätte. Umso besser ist es, wenn wir den Eindruck vermitteln können, dass das Gegenüber irgendwie krankhaft von diesem Problem besessen ist.

Der frühere österreichische Bundeskanzler Sebastian Kurz versuchte diesen Kunstgriff anzuwenden, als ein paar – also ein bisschen mehr als ein paar, nämlich 300.000 – SMS-Botschaften von den Korruptionsbehörden beschlagnahmt worden waren, die einen ungefilterten Einblick in die Gaunereien zwischen Kurz und anderen politisch Beteiligten boten. Bei manchen der Textnachrichten konnte man sich des Gefühls nicht erwehren, man lausche hier den intimen Flüstereien von Beteiligten an einem Rudelbumsen.

Für die Korruptionsbehörde war das eine Steilvorlage und sie erhob gleich mehrere Anklagen. In den Abendnachrichten versuchte Kurz zu retten, was zu retten war. Den Moderator Martin Thür, der nicht nachließ und ihn wiederholt zu den strafrechtlichen Vorwürfen befragte, beschuldigte Kurz daraufhin, dass er ihm diese Vorwürfe mache: [16]

> Thür: „Machtmissbrauch, Umgang mit den Medien, das erinnert Sie nicht an die Situation damals mit Ibiza?"
> Kurz: „Aber was konkret werfen Sie mir nun vor?"

Das ist ein geschickter Schachzug. Kurz lenkte damit die Aufmerksamkeit der Zuseher auf die scheinbare krankhafte Obsession des Moderators, dem sein Leben wohl sonst so wenig zu bieten hat, dass er nun wie besessen Vorwürfe gegen ihn erfinde. Er macht damit nicht die Vorwürfe zum Problem, sondern die Person Thür.

Diesmal allerdings funktionierte dieser Kunstgriff nicht. Ohne zu Zögern parierte der Moderator den Hieb und kehrte ihn um:

> Thür: „Ich werfe Ihnen gar nix vor, die Staatsanwaltschaft wirft Ihnen auf 104 Seiten gemeinsam mit neun anderen Personen mehrere Dinge vor."

Wenn es dazu kommt, müssen wir eskalieren. Auf zur nächsten Stufe!

33. Kunstgriff: Wir übergeben das Projekt jemand Qualifizierterem

Du bist so engstirnig, dass du mit beiden Augen durch ein Schlüsselloch schauen kannst.

Karl Farkas zu Ernst Waldbrunn in „Doppelconférence"

Erinnern Sie sich an die letzte Stellenausschreibung, auf die Sie sich beworben haben? Was stand da drin? „Wollen Sie einem dynamischen Team beitreten, in dem gutes Gehalt und tolle Nebenleistungen selbstverständlich sind? Verfügen Sie über Eigenschaften, die Sie Ziele erreichen, Kunden zufriedenstellen, bei Teamarbeit performen und das Unternehmen Geld machen lassen? Dann bewerben Sie sich doch unter ..."

So oder so ähnlich lauten Jobbeschreibungen, nirgendwo aber werden Fähigkeiten verlangt wie „Können Sie sich die Schuhe selbst binden?" „Haben Sie manchmal den Einfall, selbst denken zu wollen?" Eben! Nirgendwo steht das in der Stellenanforderung und deshalb müssen Mitarbeiter regelmäßig daran erinnert werden.

Du wirst nicht bezahlt, um zu denken.

Bei der „Teamarbeit performen" ist Neusprech für „Tu, was man dir aufträgt" und nicht „Denke und verwirre das Team mit deinen Ideen". Hand in Hand mit diesen Fähigkeiten geht auch die Bezahlung. Nicht nur Tätigkeiten, die man selbst verrichten darf, sondern auch Wissen, das man haben muss, sind damit verknüpft. Welche Informationen herangezogen wurden, wie es zu einer Entscheidung gekommen ist und wer entschieden hat, ist gehaltsabhängig:

Das liegt über deinem Gehaltslevel.

Und weil das Gehaltslevel der Qualifikation eins zu eins entspricht, ist sofort klar, dass die eigenen Grenzen sehr eng sind. Selbst wenn „kreative Ideen" im Jobprofil explizit erwähnt werden, heißt das nicht, dass man für die Umsetzung der eigenen kreativen Ideen geeignet ist.

Wir übergeben das Projekt jemand Qualifizierterem.

Sollte ein Projekt den gezielten Tod erleiden, dann lag es nicht an der qualifizierteren Person, die die Aufgabe übernommen hatte, sondern an unserer Idee, die dem Projekt zugrunde liegt. Sie konnte nicht funktionieren und jemand Qualifizierterer konnte das auch nicht retten. Nicht nur das, wir haben auch noch wertvolle Ressourcen an solch eine Idee verschwendet. Und wer ist schuld daran? Die unqualifizierte Person: Sie! Hoffentlich ist Ihnen das eine Lehre.

**34. Kunstgriff:
Erwecke Zweifel an der Person, ohne es direkt zu sagen**

Satire ist die Kunst, einem anderen so auf den Fuß zu treten, dass er es merkt, aber nicht aufschreit.

Karl Farkas

Kennen Sie auch Leute, die in Kannibalenfilmen mitgespielt haben? Nicht? Wie langweilig. Einer meiner Bekannten spielte die Hauptrolle im vermutlich anstößigsten Film dieses Genres, „Nackt und zerfleischt" (Originaltitel: „Cannibal Holocaust"), und gelangte mit den damit verbundenen Skandalen zu einiger Prominenz, die selbst 40

Jahre nach dem Erscheinen des Films nicht verblasst ist. [17] Carl Yorke, so sein Name, nimmt das scheinbar alles gelassen, wenn man ihm bei einem launigen Abend zuhört. Jedes Jahr taucht er auf den einschlägigen Kongressen auf und lässt sich mit seinen zahlreichen Fans fotografieren. Kürzlich jedoch wandte er eine Technik an, bei der er auf seinen Prominentenstatus hinwies, ohne darüber zu sprechen. Er postete für seine Freunde auf Facebook Folgendes:

Hallo zusammen, ich wurde gehackt!

Hatte „gehackt" zu werden etwas mit seinem schon lange in der Vergangenheit liegenden Schauspielhöhepunkt zu tun, der ihn nun doch eingeholt und ihn auf grausame Weise mit einer Axt erledigt hatte? Nein, Unbekannte hatten ein Facebook-Konto mit seinem Namen angelegt und sandten Kontaktanfragen an all seine Freunde.

Viele Prominente sind im Visier von Übeltätern, die versuchen, die Social-Media-Konten von bekannten Persönlichkeiten zu hacken, oder falsche Konten mit deren Konterfei anlegen, um dann den zahlreichen Fans Meldungen zu schicken und ihnen Dinge anzudrehen oder zu versuchen, sie ihnen wegzunehmen. Wessen Konto nie gehackt oder geklont worden war, kann somit nicht prominent sein. Das wird auf Englisch als „humblebrag" bezeichnet, eine in Bescheidenheit verpackte Prahlerei, oder wie sie Merriam-Webster definiert, als

[..] eine scheinbar bescheidene, selbstkritische oder beiläufige Aussage oder Erwähnung, die die Aufmerksamkeit auf die eigenen bewundernswerten oder beeindruckenden Qualitäten oder Leistungen lenken soll.

So oder so ähnlich haben wir, Carls Freunde, das jedenfalls interpretiert und ihn sogleich durch den Kakao gezogen. Ganze Internet-Memes entstanden um solche indirekten Hinweise auf den eigenen Status oder den Status anderer Leute und man kann immer wieder solche humorigen Diskussionsverläufe finden, bei denen Leute von ihren Erfahrungen erzählen. „Sag es mir, ohne es mir zu sagen" („Tell me without telling me") wurde sogar zu einer eigenen Meme-Kategorie.

So auch hier. Die Kunst besteht hierbei darin, den Anwesenden klarzumachen, dass man den Gegenüber als geistig minderbemittelt betrachtet, ohne das direkt auszusprechen, und als Schlussfolgerung daraus die vorgebrachte Idee zu diskreditieren. Wie kann das aussehen? Für Anhänger der Schöpfungsgeschichte kommt dieser Satz immer gelegen:

> *Als der liebe Herrgott das Gehirn ausgegeben hat, warst du vermutlich gerade auf dem Klo.*

Ingenieuren bieten sich immer Vergleiche, die direkt aus dem eigenen Technikfach kommen:

> *Bei Ihnen fährt der Aufzug auch nicht bis ganz rauf.*
> *200 Watt in den Armen, aber in der Birne brennt kein Licht.*

Bei diesen Beispielen wird ein Fehler in der Technologie zur Metapher für menschliche Unzulänglichkeiten. In manchen Beispielen wurde einfach falsch geplant:

> *Die Schaukel stand wohl zu dicht an der Hauswand?*

Gern kann auch der Einfluss der Eltern auf das vor uns stehende Zeugnis ihrer Inkompetenz erwähnt werden, um die Unzulänglichkeiten einer Idee zu erklären.

> *Sie wurden als Kind wohl zu heiß gebadet?*

Apropos heiß und kalt: Woran erkennen Sie, liebe Leserin, lieber Leser, dass ich cooler bin als Sie, ohne es auszusprechen? Lesen Sie dieses Kapitel noch einmal und sagen Sie mir, ob Sie auch so coole

Freunde haben. In der Zwischenzeit versuche ich ein paar Hacker zu überreden, doch endlich auch einmal meine Social-Media-Konten zu hacken.

Eskalationsstufe VII: Ohne Sachargumente geht es auch

Kleopatra: Ich befehligte eine Armee gegen meinen Bruder.
Historiker: Kleopatra war sexy.
Kleopatra: Ägypten war unter meiner Herrschaft stabil und wohlhabend.
Historiker: SO sexy!!!
Kleopatra: ICH SPRACH NEUN SPRACHEN!
Historiker: S-E-X-Y. [18]

Charles Darwin mag zwar als Naturwissenschaftler wichtige Beiträge zur Evolutionstheorie gemacht haben und damit die Religionen der Welt bis heute erregen, in der Theorie zur sachlich fundierten Liebe war er aber eine Null. Er bemühte sich nämlich, strikt der Logik zu folgen, als er vor der Entscheidung stand, seine Cousine Emma Wedgwood zur angetrauten Bettgenossin zu machen.

Seine der Nachwelt erhaltenen Liste von Argumenten für und wider eine Heirat mit der 31-Jährigen, für damalige Verhältnisse ein recht angejahrtes Fräulein, umfasste nicht etwa eine Bewertung der Knackigkeit des Hinterns oder der Menge an Holz vor der Hütte. Obwohl es ihr nach den zeitgenössischen Gemälden auch da nicht an für sie sprechenden Sachargumenten fehlte. Darwin analysierte das Objekt der Begierde rein sachlich, auf genauen Fakten beruhend, wie jeder gewissenhafte Wissenschaftler es auch tun würde. Darunter befand sich das absolut objektive Kriterium:

Objekt, das man lieben und mit dem man spielen kann – besser als ein Hund jedenfalls.

Ein absolut objektives Argument gegen eine Vermählung war wiederum:

Man ist nicht gezwungen, Verwandte zu besuchen und sich wegen jeder Bagatelle anzupassen.

Darwin gewichtete jedes einzelne Für und Wider, zählte die Punkte zusammen und das Ergebnis war, dass er völlig sachlich um Emmas Hand anhielt. Ebenso sachlich machte er ihr dann zehn Kinder.

Bei beiden Geschlechtern hat sich diese nüchterne Art der Entscheidungsfindung in Liebessachen und Heiratsgeschichten durchgesetzt, wenn man den mitgelauschten Diskussionen in Bars und Restaurants Glauben schenken will. Ist sie eine Sieben oder doch eine Acht? Ist sein Bankkonto potent genug? Die Realität sieht ganz anders aus. Nämlich total unsachlich.

Wir müssen uns eingestehen: Sachargumente sind überbewertet. Wer würde heute noch von Kleopatra sprechen, wenn sie nicht eine gutaussehende Herrscherin gewesen wäre? Oder Sissi? Oder Napoleon, der zwar ein Kleiner in der Statur, aber ein Großer im Bett gewesen sein soll. Bitte, selbst sein letzter Moment war von Weiblichkeit geprägt: Er starb auf Helena! Wer also würde heute von ihnen sprechen? N-I-E-M-A-N-D! Wir sprechen nach wie vor über sie, eben weil sie S-E-X-Y waren. Sie haben noch etwas anderes in Ihrem Leben erreicht? Gut für Sie!

Eine Nation führt man nicht mit Daten allein und schon gar nicht ein Unternehmen, wo ständig Leute Ideen haben. Mitunter zählt das Bauchgefühl, diese gewisse Prise an Intuition, der angehäufte Schatz an Erfahrung, der uns besser leitet. Und das müssen wir auf geeignete Art und Weise rüberbringen.

35. Kunstgriff: Du solltest das doch wissen, wenn du so gescheit bist

Gescheite Hähne frisst der Fuchs auch.
Die Klugheit des Fuchses wird oft überschätzt, weil man ihm auch noch
die Dummheit der Hühner als Verdienst anrechnet.

Unangenehm ist bei Leuten mit Ideen, dass sie meinen, sie hätten die Weisheit mit dem Löffel gefressen. Dieser Kunstgriff eignet sich hervorragend, um sie in die Schranken zu weisen und die eigenen Grenzen erkennen zu lassen. Da die meisten Ideen ohnehin dumm sind, erlaubt uns die Idee, als Stellvertreter für den Vorbringenden, damit auch ihn so zu charakterisieren. Wir erinnern uns an den eingangs erwähnten Professor Cipolla und seine Forschungen zu Dummheit und dummen Menschen. Dummheit ist extrem gefährlich. Sie wird unterschätzt und richtet gewaltigen Schaden an. Nicht mit uns! Es ist unsere Pflicht, Schaden von uns und den anderen, dem eigenen Unternehmen, den Kunden, der Familie und in letzter Instanz auch vom Dummen selbst abzuwenden.

Deshalb fragen wir den Überbringer so lange nach Details zur Idee, bis wir an den Punkt gelangen, wo er keine Antwort mehr darauf hat. Und das ist der Moment, um mit einem auf ihn fokussierten Blick in die Stille des Raumes diesen Satz fallen zu lassen:

Wenn du so gescheit wärst, dann solltest du das doch wissen!

Von diesem Satz gibt es einige Varianten. Man kann ihn beispielsweise als Frage formulieren:

Sagen Sie, was haben Sie denn überhaupt studiert?

Oder

Was machen Sie eigentlich beruflich?

Mit diesem Kunstgriff sollte man jedenfalls sparsam umgehen. Man muss vor allem selbst als unberechenbar gelten und nicht nach denselben Fakten fragen, denn zwischenzeitlich mag das jemand tatsächlich nachgeschlagen haben. Stattdessen mit völlig unerwarteten Fragen das Gegenüber in Unruhe versetzen. Wie die folgende Begebenheit mit SAP-Mitgründer Hasso Plattner zeigt:

> *Mit großem Aufwand hatte ein Entwicklungsteam eine Präsentation vorbereitet, um bei „Hasso" ein neues Softwareprodukt vorzustellen. Wochenlang hatten die Softwareentwickler, Product Manager und Team Leads an den Details der Demo gefeilt, die technischen Daten zusammengetragen, die zu erwartenden Erlöse und die Verkaufszahlen kalkuliert und nun waren sie bereit für die Präsentation ihres Lebens. Doch dazu kam es nicht.*
>
> *Hasso kam in den Raum, marschierte an der versammelten Mannschaft vorbei hin zum Getränkewägelchen, öffnete sich eine Flasche und ohne sich umzudrehen, stellte er die einzige Frage, an die niemand gedacht hatte:*
>
> *Was wird mich das kosten?*

36. Kunstgriff: Google das doch selber

Warum verwenden Spinnen Google? Sie suchen nach coolen Web-Seiten.

Warum der Mensch schlafen muss, beschäftigt die Wissenschaft seit Langem. Immerhin ist Schlaf eine sehr zeitintensive Beschäftigung.

Ein Drittel unseres Lebens verbringen wir mit Schlafen. Kinder mehr, Erwachsene weniger. Und Ältere leiden an seniler Bettflucht, sobald sie so ab dem 50. Lebensjahr beginnen, jeden Tag um vier Uhr früh aufzuwachen. Einigen wird der Schlaf vermiest, weil ihre Blase zu klein ist, anderen, weil sie die Funktion zum Leisestellen von Benachrichtigungen auf ihrem Smartphone nie gefunden haben. Das Ergebnis ist Müdigkeit. Saisonal bedingte Müdigkeit kommt noch hinzu, so trifft es die Leute im Frühjahr, zu Weihnachten oder montags.

Hinzugesellt hat sich eine neue Form, die sogenannte „Google-Müdigkeit". Und die ist ausgesprochen nützlich, wenn wieder einmal eine Diskussion über einen lästigen Vorschlag geführt wird. Wieder einmal so eine Idee, wieder so ein Hitzkopf und wir sind es leid, zum wiederholten Male Gegenargumente aufzulisten. Die Zeit haben wir doch nicht. Und so ziehen wir eine Phrase aus dem Köcher, die es in sich hat:

Google das doch selber!

Wenn dann als Antwort kommt: „Wie, google das doch selber?", dann können wir mit aufrichtig gespielter Müdigkeit erwidern:

Soll ich dir jetzt auch noch beibringen, wie man googelt?

Was bitte haben diese Kerle über die Jahre auf den Digitalkonferenzen, zu denen wir sie mit unserem knappen Budget geschickt haben, eigentlich gelernt? Wie man sich den Finger beim Nasenbohren nicht verstaucht? Das … gähn … ermüdet. Das ist der Moment, in dem man den Raum verlässt und sich zur Kaffeemaschine bewegt. Diskussion beendet, der Vorschlag hat seine ewige Ruhe gefunden.

Hat Ihnen der schlechte Google-Witz zu Beginn dieses Kunstgriffes nicht gefallen? Dann werden Sie über den noch weniger lachen:

Wenn Google Maps mich bittet, die Sonne zu bewerten, dann wird sie nicht mehr als einen Stern bekommen.

37. Kunstgriff:
Selbst ... weiß, dass ...

Wissen wiegt schwer. Das könnte auch ein Grund sein, warum man beim älter werden an Gewicht zunimmt!

Willy Meurer

Mal selbst so richtig nach jemandem treten dürfen ist der unterdrückte Wunsch so manches Zeitgenossen. Einmal nicht derjenige sein, auf dem die anderen herumtrampeln, sondern selbst tüchtig austeilen. Wäre das nicht schön? Damit können wir dienen, denn dieser Kunstgriff hat diese gewisse Gemeinheit, die ungestraft auf eine Verfehlung anderer vorgebracht werden kann. Es ist nur eines sicherzustellen: Dass man über die beschriebenen Subjekte verfügt. Hat man beispielsweise einen Vorwurf erhalten, den man ungerecht findet, dann dreht man ihn um:

Du machst deinem Ruf alle Ehre, arrogant bis zum Abwinken. Schon meine Kinder wissen, dass die meisten Menschen von sich auf andere schließen.

Auch andere Experten können herangezogen werden.

Selbst mein Hund weiß, dass die Kacke von jemandem auch aufgeräumt werden muss.

Dabei wundert sich der Hund über den Fetisch der Menschen, seine Häufchen in einem Säckchen aufzubewahren. Oder solche Experten, von denen der Anwender dieses Kunstgriffes scheinbar keine so hohe Meinung hat und es nicht auch nicht realisiert, wen er dabei beleidigt:

Selbst meine Oma hat das sofort geschnallt!

Man will diese Aussage fast mit den Worten fortsetzen:

> *... und die ist nicht die allerhellste Leuchte in der Familie. Und das will was heißen, wenn man dein kaum zu unterbietendes Niveau kennt.*

Für den so Angegriffenen bleibt nicht viel an Gegenargumenten. Wie will man schon gegen die vorgebrachte Expertise von Kindern, Hunden und Omas vorgehen, ohne sich auf dünnes Eis zu begeben? Denn dass man dorthin nicht geht, wissen selbst die dümmsten Esel.

Dieser Kunstgriff lässt sich auch gut mit dem 24. Kunstgriff „Geheuchelte Bescheidenheit" verknüpfen. Zuerst lullt man ein, dann schlägt man zu:

> *Ich war in der Schule auch nicht gut in Mathematik, aber Addieren habe selbst ich gelernt.*

Schon im alten Wien kannte man diesen Kniff. Im schon längst nicht mehr existierenden Café Herrenhof fanden Schriftsteller, Journalisten und andere Vertreter der schreibenden Zunft ihre Heimat. Stundenlang saßen sie dort, um von ihrer Kaffeehausbank über die Welt da draußen und die Menschen im Café zu schreiben. Alfred Polgar, Schriftsteller und Aphoristiker, war besonders gefürchtet für seine scharfe Zunge.

> *Als ein andermal der sehr eitle Schriftsteller Otto Soyka das Herrenhof im Reitkostüm, mit Schaftstiefeln und Sporen betrat, flüsterte Polgar seinen Sitznachbarn zu: „Also, ich hab ja auch kein Pferd. Aber so kein Pferd wie der Soyka hab ich bestimmt nicht."*

38. Kunstgriff: Ich habe Wichtigeres zu tun

Ich muss an wichtigere Dinge denken. Ich muss einen Joghurt fertigessen, das Verfallsdatum ist nämlich heute.

Gordon Strachan

Was immer es ist, wichtige Leute haben immer Wichtiges zu tun. Kam in früherer Zeit ein Adlatus ins Besprechungszimmer gehuscht und flüsterte einem etwas mit ernster Miene ins Ohr, so ist es heute das „Smartphonus", das mit ernstem Vogelgezwitscher oder Geklingel die nächste wichtige Mitteilung ankündigt. Je öfter und lauter es während der Besprechung eines Vorschlags auf sich aufmerksam macht, desto mehr rückt die Bedeutung des aktuell diskutierten Themas in den Hintergrund, desto unsicherer werden die Vortragenden, desto unwichtiger erscheint die eigene Existenz.

Entscheidungsträger verfeinern diese Taktik noch, indem sie bei manchen der Nachrichten kurz aus dem Besprechungszimmer gehen, um die Nachricht zu beantworten, den Anruf entgegenzunehmen oder einem Wasserträger eine Aufgabe zu geben. Das lähmt die anderen Anwesenden, denn ohne den Entscheidungsträger kann es in der Besprechung nicht weitergehen. Es bleibt ihnen nichts anderes übrig, als belämmert dreinzuschauen und sich irgendwie anderweitig zu beschäftigen, um die peinliche Stille zu überbrücken, bis der Vorgesetzte sie wieder mit seiner Anwesenheit beehrt. Auf die Selbstsicherheit und die Idee hat das verheerende Auswirkungen. Sie zerbröckeln buchstäblich vor den Augen aller.

Und die Botschaft dieses Handelns ist unbestritten:

Ich bin wichtig und ich habe Wichtigeres zu tun!

Man kann es so aussprechen oder eben durch sein Handeln stumm zum Ausdruck bringen. Und das fängt schon vor der Besprechung an. Zuerst ist der eigene Kalender bereits ausgelastet, ein frei gewordener Termin findet sich erst in einigen Monaten. Nachdem einem Termin zugestimmt wurde und er näherkommt, verschiebt man ihn kurzerhand wegen etwas Wichtigem. Das kann man beliebig wiederholen. Kommt es dann doch zum Termin, erscheint man mit einer mindestens viertelstündigen Verspätung, für die keine Entschuldigung notwendig ist. Egal welcher Grund, er war automatisch wichtiger. Klar ist auch, dass man nicht ewig Zeit hat, also muss man das Meeting verkürzen. Das ist die Salamitaktik, die die eigene Wichtigkeit gekonnt signalisiert. Man arbeitet immerhin für das Wohl des Unternehmens und die Verantwortung, die man schultert, fordert seine Opfer. Denn der Fokus ist immer auf die wirklich wichtigen Dinge gerichtet.

> Räuber: „Das ist ein Überfall! Geld oder Leben!"
> Überfallener: ...
> Räuber: „Geld oder Leben!"
> Überfallener: ...
> Räuber: „Nun mach schon! Geld oder Leben!"
> Überfallener: „Ich denke noch nach ...“
> – Jack Benny

39. Kunstgriff: Bist du eine Karen/ein Ken

Wenn du abgehört und belauscht wirst, will man doch was von dir wissen. Das können nicht alle von sich sagen.

Erhard Blanck

Fühlen Sie sich auch manchmal beobachtet? Ich spreche nicht von den vielen Überwachungskameras, die heutzutage überall angebracht sind. In meiner Kindheit brauchte man diese noch nicht. Es gab ein anderes System: Die ältere Nachbarin, die täglich ihren Platz am Fensterbrett einnahm und die Leute auf der Straße beobachtete, übernahm diese Aufgabe. Auch Blockwarte und Hausmeister erfüllten diese Aufgabe. Früher diente das Aufsperrgeld zur Bevölkerungskontrolle. Dieses Geld mussten die Leute, die zu spät nach Hause kamen, an den Hausmeister zahlen, nachdem die ab 21 Uhr gesetzlich zugesperrte Haustüre bereits verschlossen war. Zuerst einmal beeilten sich alle, rechtzeitig vor der Sperrstunde wieder zu Hause zu sein, um nicht während langer Nächte auf finstere Gedanken zu kommen. Und dann dienten die Hausmeister als Informanten für die Obrigkeit, die im Falle des Falles sehr rasch den Kreis der Verdächtigen einengen konnten.

Trotz moderner Technologie sind ältere Weiblein am Fensterbrett oder Hausmeister nie ganz verschwunden. Sie nehmen nur eine andere Gestalt an – und zwar in der Form von Karens oder Kens. Dieser Typus von egoistisch, selbstgerecht und rassistisch eingestellten Frauen (und Männern) mittleren Alters setzt sich aus weißen Personen der Mittelschicht zusammen, die minderprivilegierte Menschen von oben herab behandeln und ohne zu Zögern bereit sind, wegen geringfügiger oder vermeintlicher Verstöße die Polizei anzurufen oder einen Manager zu verlangen.

Menschen, die unter diesen Typus fallen, wurde der Name Karen (für Frauen) beziehungsweise Ken (für Männer) verliehen. In freier Wildbahn auf Video dokumentierte Begegnungen mit Karens und Kens haben bei ebenjenen das Bewusstsein für die Gefahr einer öffentlichen Bloßstellung in den USA steigen lassen. Ihr veröffentlichtes und viral gewordenes Eintreten für ihre eigene Form von Gerechtigkeit ließ einige sehr bald auf die Suche nach einem neuen Job, einem neuen Partner oder einer neuen Nachbarschaft gehen.

Nichts fürchten die noch in der Anonymität agierenden Karens und Kens deshalb mehr, als aufzufliegen. Der Satz

Sind Sie eine Karen?

genügt, um den Selbstschutz zu aktivieren und den Vorschlag oder die Idee fallen zu lassen. Selbst vor Ordnungshütern macht diese Angst nicht halt. Die Frage

Ey Alder, haben Sie mich jetzt nur angehalten, weil ich Auslän-der bin?

kann bei ihnen eine Neubewertung der Situation auslösen. Die Sche-rereien mit den eigenen Vorgesetzten könnten unangenehm werden, speziell wenn dann noch die Öffentlichkeit davon erfahren könnte. Und das nur, weil man einen ausländisch aussehenden Mitbürger wegen zu schnellen Fahrens angehalten hat.

Eskalationsstufe VIII: Appelliere an höhere Instanzen

An einem sonnigen Tag ermahnte ein Ältester vom Stamm der Dorze in Südäthiopien eine Gruppe ungezogener junger Män-ner: Sie sollen keine Zigaretten rauchen – das sei gegen ihre Religion! Die jungen Männer wiesen darauf hin, dass der junge französische Anthropologe, der seit einigen Monaten bei den Dorze lebte, in der Nähe saß und was tat? Zigaretten rauchen! Der Älteste wandte sich an den Fremden und verlangte eine Erklärung: „Warum rauchen Sie?" Der Anthropologe wusste es nicht so recht. Er murmelte schließlich: „Nun, mein Vater raucht, mein Großvater rauchte ..."
Der Älteste wandte sich wieder an die jungen Männer: „Seht ihr", triumphierte er, „der Ausländer zeigt Respekt vor seinem Vater und seinen Vorfahren. Sie haben geraucht, also raucht

er auch. *Nehmt euch ein Beispiel an ihm, zeigt Respekt vor euren Vorfahren: Sie haben nie geraucht, also solltet ihr es auch nicht tun."*

Von klein auf lernen wir, dass es höhere Instanzen gibt, die unser Leben regeln. Die Mama, der Papa eher selten, die Lehrerin, der Chef, die Bundeskanzlerin, der Papst. Und als ultimative Instanz: das Smartphone.

Sogar dann, wenn wir eine dieser höheren Instanzen selbst als Position einnehmen sollten, merken wir rasch, dass da immer noch eine höhere Instanz über uns steht: die Investoren, die Wähler, die Meinungsumfrage, die Natur, der Herrgott oder Google Maps. Du glaubst wirklich, du könntest diese Abkürzung nehmen? Dann sieh doch selbst, wie sehr du dich verfahren wirst!

40. Kunstgriff: Das ist wider die Natur

Selbst die Natur ist manchmal wider die Natur.

Erhard Blanck

Der Autor der satirischen Science-Fiction-Serie „Per Anhalter durch die Galaxis", Douglas Adams, fasste einmal unsere Einstellung zu Innovation in der folgenden Erkenntnis zusammen:

Alles, was bei deiner Geburt auf der Welt ist, ist normal und gewöhnlich und gehört zum selbstverständlichen Funktionieren der Welt dazu. Alles, was zwischen deinem 15. und 35. Lebensjahr erfunden wurde, ist neu, aufregend und revolutionär. Alles, was nach deinem 35. Lebensjahr erfunden wird, widerspricht der natürlichen Ordnung der Dinge.

Für unsere Zwecke bedeutet das Folgendes: Ist man jünger als 36, darf man, ist man älter, muss man diesen Kunstgriff verwenden.

Wir sollen auf TikTok tanzen, um junge Mitarbeiter anzuwerben? Das ist wider die Natur!

Und da hat dieser Über-36-Jährige recht. So wie der tanzt, ist das ein Verbrechen gegen das ästhetische Empfinden der Natur. Schon unsere Vorfahren wussten das. So warnt ein Zeitungsartikel aus dem Jahr 1907 davor, dass Weihnachten zu einem Fluch mit zu vielen Spielsachen für die Kinder verkommen würde, denn, so ein Naturforscher,[19]

Es ist ein Verbrechen unserer Zeit; es ist eine Sünde gegen unsere Kinder; es manipuliert ihre Einfachheit; es stimuliert ihre Zerstörungswut; es stumpft ihre Neugierde ab und beschleunigt ihre Unzufriedenheit mit dem Leben. [...] Schauen wir nur in einen wohlhabenden Haushalt zur Weihnachtszeit [...] und wir sehen die gottlose Verschwendung mit dem Schenken von Spielzeug. Es ist eine regelrechte Spielzeug-Ausschweifung.

Es ist allerdings Vorsicht geboten, denn dieser Kunstgriff kann rasch den wirklichen Grund verraten. Den Autor dieser Zeilen aus dem Jahr 1907 hatte einfach der Neid gepackt, denn in seiner eigenen Kindheit kannte er Spielzeug nur vom Hörensagen:

Ich bezweifle, dass ich je ein gekauftes Spielzeug hatte, als ich ein Kind war. Ich hatte einen Ball, als ich ins Schulalter kam, aber den hatte ich selbst gebastelt. Ich fertigte viele Bälle aus altem Strumpfgarn und steckte sie in Leder. Ich hatte Flugdrachen, aber ich bastelte sie selbst. Ein Junge lernt viele Dinge beim Bau eines Drachens. Ich hatte Schlitten, Karren, Stelzen, Schnüre, Stiftschachteln, Armbrüste, Puzzles und so weiter, aber ich fertigte sie alle selbst. [...] Ich verdiente mir meine Spielsachen und ich wurde ihnen nie überdrüssig. Jedes von ihnen bedeutete mir etwas.

41. Kunstgriff: Zitiere eine Koryphäe

Je weniger die Leute wissen, desto hartnäckiger wissen sie es. – Osho

Ob jemand etwas zum Thema weiß oder nicht, ist bei diesem Kunstgriff nebensächlich. Hauptsache die Person ist ein Experte, genießt Ansehen oder hat eine fanatische Anhängerschaft, die ihr hörig ist.

Bestens geeignet sind diejenigen Koryphäen, deren Expertise von der neuen Idee auf das Abstellgleis der Geschichte gestellt wird. Gewinnt eine neue Idee immer mehr Fans, wie beispielsweise Autos statt mit Verbrennungsmotoren mit Elektromotoren anzutreiben, dann ziehe man einen „Verbrennungsmotorenpapst" zu Rate. Der Zusatz „Papst" signalisiert „unfehlbare Expertise", weshalb er der neuen Idee des Elektroautos schon eine Reihe von Argumenten entgegenbringen wird, egal ob sachlich oder unsachlich. Für den Nicht-Experten ist der Unterschied weder erkennbar noch bedeutsam.

Verbindet sich mit der Expertise noch der Vorteil, eine übergeordnete Instanz zu sein, dann umso besser. Man bekommt Batman und Superman in einem Paket. So glaubte der passionierte Reiter Kaiser Wilhelm II. – wenig überraschend – an die Zukunft der Pferde und sah in Autos nichts weiter als eine vorübergehende Erscheinung. Mit ihm glaubten das auch andere leidenschaftliche Reiter und seine Untertanen, geholfen hat es jedoch nichts, denn Wilhelm II. hatte die trumpschen Eigenschaften, nicht nur Narzisst zu sein, sondern auch ein bisserl blöde.

Besitzt jemand kein Wissen, dafür aber starke Eigeninteressen, dann kommen uns solche Personen als die besten Sprachrohre gegen eine bedrohliche Idee zur Hand. Hängt beispielsweise die eigene Wiederwahl davon ab, ob die Wähler durch die neue Idee von Arbeitslosigkeit bedroht sind, dann her mit diesem Politiker als Beurteiler der Idee. Sollte sich die neue Idee durchsetzen und sich der Einfluss meiner Person von „Ohne mich geht nichts" zu „Wer war das noch mal?" diminuieren, dann her mit dieser Person als Fachmann. Der amerikanische Schriftsteller und Sozialkritiker Upton Sinclair charakterisierte diesen Menschentyp mit folgenden Worten:

> *Es ist schwer, einem Mann etwas zu erklären, wenn sein Gehalt davon abhängt, es nicht zu verstehen.*

Fehlt einem die Expertise, dann findet sich immer eine Autorität, die zum infrage kommenden Gebiet auch nichts oder sogar weniger wissen muss, aber wenigstens eine starke Meinung hat. Wenn es sich um einen fernsehtauglichen langhaarigen Germanisten in Philosophenkleidung handelt, der mit Zitaten von alten Philosophen und beliebigen philosophischen Begriffen um sich wirft, umso besser.

42. Kunstgriff: Das führt zum Untergang der Zivilisation

Um seine Existenzprobleme zu lösen, schuf der Mensch die Zivilisation, deren Probleme nun ihrerseits seine Existenz gefährden.

Ernst Reinhardt

Glaubt man den Schwarzmalern, dann stand die Menschheit noch nie näher am Abgrund als zu unserer Zeit. Was mit der Arche Noah und anderen biblischen Plagen begann, fand seine Fortsetzung mit dem Zerfall des römischen Reiches, den Weltkriegen, dem ungebremsten Bevölkerungswachstum, dem Klimawandel und der Energiekrise, Modern Talking und natürlich der Erfindung von Birkenstockschuhen.

Dabei hat der Menschheit erst eine Katastrophe zu ihrer Chance verholfen. Ohne den Einschlag eines Asteroiden vor 66 Millionen Jahren wären wir nie der Dinosaurier als Widersacher um die Weltvorherrschaft entledigt worden.

Es müssen nicht erst solch gravierende und zweifelsohne sehr besorgniserregende Ereignisse sein, die zum Untergang der Zivilisation führen können. Selbst harmlose Dinge bergen das Potenzial, irgendwelchen Außerirdischen, die die Erde kolonialisieren wollen und uns dabei nicht benötigen, diese Drecksarbeit abzunehmen und uns auszurotten.

So erschien in den Zeitungen ein Abdruck einer Predigt, die der katholische Priester Michael G. Esper am Sonntag, den 07. Juli 1907 vor seinen Schäfchen der Pfarrei St. Joseph in Michigan gehalten hatte:[20]

Rassenselbstmord, die größte Gefahr, mit der diese Nation heute konfrontiert wird, wird von der Marotte gefördert und ermutigt, die guten alten Puppen unserer Kindheit durch das schreckliche Ungeheuer namens Teddybär zu ersetzen. Die eigentlichen Mutterinstinkte eines heranwachsenden Mädchens werden abgestumpft und oft zerstört, sobald dem Kind erlaubt wird, ein unnatürliches Spielzeug dieser Art mit der liebevollen Zuwendung zu überhäufen, die so schön ist, wenn sie einer Puppe zuteilwird, die ein hilfloses Kind darstellt. Mir bot sich noch nie ein ekelhafterer Anblick als das Schauspiel eines kleinen Mädchens, das diese Pseudo-Tiere streichelt, liebkost und sogar küsst. Es ist eine Schande für das amerikanische Volk, das unter der Verkümmerung des Mutterinstinkts der zukünftigen Frauen leiden wird, durch dieses Bündel an Abscheulichkeiten, die schädlichste und abstoßendste Naturfälschung, die je begangen wurde.

Die *Washington Post* schlagzeilte am Tag danach folgerichtig, „Die Teddybär-Modeerscheinung zerstört den mütterlichen Instinkt und führt zum Rassenselbstmord!"

43. Kunstgriff: Wenn Gott das gewollt hätte ...

Schon öfter sagten Leute zu mir: „Sieh dir den Himmel an, die Felder, das Meer, den wunderschönen Sonnenuntergang. Ist das nicht ein Beweis für Gott?" Wenn man diesen Gedankengang weiterverfolgt, sollte man sich die herrlichen Regenbögen nach einem großen Regensturm ansehen. Ist das nicht der Beweis dafür, dass Gott schwul ist?

Ray Romano

Neue Ideen kämpfen nicht nur mit dem Unverständnis der Menschen auf Erden, sondern auch mit dem von höheren Instanzen. Wer kennt ihn nicht, den Satz:

> *Wenn Gott gewollt hätte, dass wir fliegen, hätte er uns Flügel gegeben.*

Tatsächlich haftete noch bis zu Galileo Galileis Zeiten Maschinen etwas Übernatürliches und Magisches an. Eine mechanische Konstruktion wurde als Austricksen der Natur gesehen. Als etwas, bei dem man in die Domäne der Götter eingriff. Und das ging gar nicht. Noch fehlte es den Menschen an den mathematischen Grundlagen, um die physikalischen und mechanischen Konzepte dahinter zu verstehen.

Daran hat sich bis heute nichts geändert. Nicht nur mangelt es weiten Teilen der Bevölkerung an diesem Wissen, es erklärt auch die Faszination der Märchenwelten, seien es Superhelden, Star Wars oder Harry Potter. Die Fans können alle Zaubersprüche auswendig und diskutieren Details der unterschiedlichen Raumschiffe. Stellen wir hingegen die Frage, wie eine Klospülung genau funktioniert, wird es still im Raum. Die Funktionsweise eines Smartphones ist exponentielle Magie, auch wenn wir es täglich benutzen.

Apropos Märchenwelten: Was für die Christen die Bibel ist, ist für die Muslime der Koran – eine Gebrauchsanweisung. Alles, was Gläubige wissen müssen, was man tun darf oder nicht, steht in diesen Schriften. Darf ich mit einer oder mehreren Frauen Sex haben, mit der meines Nachbarn, meinen Töchtern oder mit Minderjährigen? Darf ich stehlen, Gesetze brechen, Wein trinken oder mit brennenden Büschen sprechen? Darf ich auf einem Esel reiten, ein Auto fahren, fliegen oder im Internet Verschwörungstheorien befürworten? Verzwickte Fragen, die von Leuten, die nur ein paar Hundert Kilometer herumgekommen sind und von vor mehreren Jahrhunderten und Jahrtausenden geschriebenen Werken sicherlich beantwortet werden können.

Und das können wir uns zunutze machen. Wir können uns gut vorstellen, wie Totschlagargumente gegen neue Bademode geklungen haben müssen:

> *Wenn Gott gewollt hätte, dass wir einen Bikini tragen, dann hätte er uns einen Bikini-Body gegeben!*

Eine Variante davon weist darauf hin, dass Gott uns ja schon alles gegeben hat, wie diese besorgte Bürgerin mahnte, die nicht einverstanden gewesen war, dass angesichts einer Pandemie Masken getragen werden mussten.

> *Sie wollen Gottes wunderbares Atemsystem über Bord werfen.* [21]

Umgekehrt kann man sich auch auf den Teufel berufen, wenn Gott gerade nicht zur Hand ist:

Jeder Einzelne von Ihnen, der des Teufels Handwerk macht,
wird festgenommen werden.

Wie auch immer, ob der Herr oder die Frau Gott, der Teufel oder das Fliegende Spaghettimonster als Zeuge angerufen wird, dieser Kunstgriff eignet sich vor allem vor einem Publikum von Gläubigen, die man moralisch entrüsten kann, um eine verwerfliche Idee zu beenden. Bei Atheisten ist es schwieriger, dort muss man sich aufs Gegenteil berufen, um eine Idee zu killen:

Das würde Gott auch gut finden.

44. Kunstgriff: Der Herrgott wird uns den Weg weisen

Am Anfang war das Nichts. Gott sagte „Es werde Licht!" Und es wurde
Licht. Es gab zwar immer noch nichts, aber das konnte man doch um
einiges besser sehen.

Ellen DeGeneres

Warum sollten wir Entscheidungen vorgreifen, wenn sie ohnehin Gottes Wille sind? Warum sollen wir nun Kosteneinsparungen machen, wenn der Herrgott uns den Weg zur Pleite oder zum Profit weisen wird? Wenn wir ohne Kondome schwanger oder mit einer Geschlechtskrankheit angesteckt werden, dann wollte uns Gott den Weg weisen und bestrafen, weil wir vom göttlichen Weg abgekommen sind, den er uns gewiesen oder doch nicht gewiesen hat. Also was nun?

Der Herr braucht keine Argumente, keine Fakten, er braucht nur Hörige, die ihm folgen. Wie bequem, dass die „Wege des Herrn unergründlich sind", denn selbst wenn sie Gründe hätten, würden wir sie auch nicht verstehen.

Entweder beruft man sich auf den lieben Herrgott und bekommt damit etwas von seiner Allmacht übertragen oder man macht sich zum Stellvertreter eines Gottes. Dass der Papst unfehlbar ist, überraschte vor einem halben Jahrhundert die Christen.

Papst: *„Diese Pizza ist nicht genug gebacken!"*
Gläubige: *„Hosanna! Zur Hölle mit dem Koch!"*

Man muss nicht gleich Papst werden, um in den Genuss der Unfehlbarkeit zu gelangen. Manch barfüßiger Prediger schafft es, sich diesen Ruf durch die geschickte Pflege einer gottgleichen Aura anzueignen. Abgehobenes Sprechen, ein gütiger Blick, eine segnende Handbewegung, die vom Herrn in die Wiege gelegten Zeichen, das Auftreten des Talents schon in jungen Jahren, vielleicht noch gewürzt durch eine mysteriöse Herkunftsgeschichte … und wir haben einen Führer, der uns den Weg weisen wird.

Ob sie nun Kim Il-sung, Sebastian Kurz oder Mark Zuckerberg heißen, sie werden nicht, sie sind Kult. Selbst nach ihrem Tod dienen sie als Wegweiser. So bestimmt der Führer zu seinem Geburtstag nach wie vor die Mittagsspeise seiner Anhänger: Eiernockerl mit Salat. Die waren nämlich seine Lieblingsspeise.

Und damit kommen wir zum wichtigsten Grund für den Wunsch der Menschen, dass ihnen jemand den Weg weist: Sie ersparen sich damit das Denken. Und der da, der mit der unnötigen Idee, der soll das Denken anderen überlassen.

Eskalationsstufe IX: Passive Aggressivität

Grundsätzliche Zustimmung ist die höflichste Form der Ablehnung.

Robert Lembke

Wer es noch nicht übertrieben hat, dem muss ich es spätestens jetzt klarmachen. Wir nähern uns den gefährlichsten Kunstgriffen, nämlich denen mit der verheerendsten Wirkung. Eine Wirkung, die sie häufig erst mit Verzögerung restlos entfalten, dann aber lautlos und blitzschnell. Es sind die Ninjas unter den Kunstgriffen. Sie schleichen sich von hinten an, täuschen absolute Harmlosigkeit vor und entpuppen sich als blutrünstige Meuchler. Debatten, die wir mit Mitarbeitern und Querdenkern hatten, werden im Nachhinein wie sanfte Abendlüftchen aussehen, denn was jetzt folgt, ist eine andere Eskalationsstufe. Vielfach wird der Vergleich zur Messung der Stärke von Erdbeben oder der Lautstärke gezogen. Die Richterskala und Dezibel verlaufen logarithmisch. Ein Erdbeben der Stärke 6 ist doppelt so stark wie eines der Stärke 5. Und 80 Dezibel sind doppelt so laut wie 70 Dezibel. Die Eskalationsstufe IX „Passive Aggressivität" ist somit doppelt so schlimm wie die Stufe VIII „Appelliere an höhere Instanzen". Wer noch verwirrt ist und sich fragt, wie das möglich sein kann, wird gleich verstehen, warum und vor allem wer dahintersteht.

Diese Kunstgriffe sind nicht mit denen jener verwirrten Geister zu verwechseln, die einem einen Leserbrief schreiben, sich darin in immer aggressiverem Ton und, je länger der Brief ist, mit immer mehr eingestreuten Beleidigungen und Schimpfworten auslassen, um dann innezuhalten und den Brief mit „Mit lieben Grüßen ..." zu beenden.

Die hier besprochenen Methoden schlagen hinterrücks zu. Das Verhalten sieht teilnahmsvoll aus, in manchen Fällen setzt es sogar ein freundliches Gesicht auf. Ein Ausdruck voll Empathie, Mitgefühl und Höflichkeit. Aber dahinter versteckt sich die Fratze der Aggressivität, die keinen Widerspruch duldet und nur auf die Chance wartet, das Messer tief in die Brust zu senken und es dort noch dreimal umzudrehen.

Speziell beim Umgang mit zwei Kategorien von Menschen sollten alle Alarmglocken schrillen, denn sie sind die Ninja-Kunstgriff-Meister: Frauen und Wiener. Sie schlachten die Argumente vor den eigenen Augen zu einer blutigen Masse, sodass man sie nicht wiedererkennt. Und das mit einem Lächeln auf den Lippen, welches uns in falscher Sicherheit wiegt, bevor wir den Horror realisieren. Kunstgriffe für Nerven aus Stahl. Sind Sie bereit?

45. Kunstgriff: Wenn du meinst

Ich denke, jeder hat ein Recht auf meine Meinung.

Victor Borge

Auch wenn man ein großer Anhänger von Rede- und Meinungsfreiheit ist, die aktuellen Begebenheiten mit Querdenkern und Verschwörungstheoretikern lassen einen an seinen eigenen Überzeugungen zweifeln. Wir müssen aber stark bleiben, denn wie schon der Kabarettist Andreas Vitásek feststellte:

Nicht jeder Paranoiker wird nicht nicht verfolgt.

Wer nun fälschlicherweise meint: „Wenn schon Quer- und andere Schrägdenker ihre Meinung verkünden dürfen, dann erst recht ich", der liegt falsch. Eine gefährliche, von Frauen gestellte Falle, in die Männer tappen können, ist:

Woran denkst du gerade?

Sie will nichts weniger wissen als das, woran wir in diesem Moment wirklich denken. Männer, kommt bloß nicht auf die Idee, ehrlich zu antworten, denn wir wollen doch nicht am nächsten Tag für eine Schlagzeile sorgen, die da lautet:

Mann sagte seiner Partnerin, woran er gerade dachte!

Solch eine Überschrift besagt, dass Einsatzkräfte hinzugezogen werden mussten und Reporter vor Ort berichteten. Was hatte sie erwartet? Etwas Romantisches wie „Woran ich gerade denke? Dass alles, was ich liebe und brauche, hier an meiner Seite ist", gefolgt von romantischer Geigenmusik und einem Kuss? Nein, der verblödete Mann traute sich wirklich zu sagen, woran er dachte: „Woran ich gerade denke? Ob man auf einer Zuchtsau nicht eigentlich reiten könnte. Denn die wäre groß genug."

Aber leiten wir zum eigentlichen Thema über. Wann ist der Moment, in dem seine Meinung wirklich gefragt ist? Beispielsweise bei der Frage nach der Freizeitbeschäftigung. Das klassische Szenario sieht so aus: Er würde gern mit Freunden ein Bier trinken gehen, sie würde lieber einen Horrorfilm mit ihm ansehen. Die Diskussion geht hin und her, bis sie diese mit einem Satz beendet:

Wenn du meinst …

Die Debatte ist zu ihren Gunsten beendet. Er sollte nun bloß nicht auf die Idee kommen, wirklich mit seinen Freunden herumzuziehen anstatt den Horrorfilm mit ihr anzusehen.

Etwas mehr Würze erhält der Satz in einer Abwandlung. Als Frage getarnt wirft man ihn in die unmittelbare Stille, die einem Vorschlag folgt. In Kombination mit einem von unten kommenden ungläubigen Blick voller Vorwürfen, der – Brillenträger haben hier einmal einen Vorteil – idealerweise über den Rand der auf der Nasenspitze sitzenden Brille geworfen wird. Die Geste, die bebrillte Oberlehrer so gern bei verhaltensauffälligen Schülern anwenden. Die Komplexität liegt eher in der Geste, denn der Satz selbst besteht nur aus zwei Worten, die aber haben es in sich:

Wie meinen?

Ein Satz, bei dem der so adressierten Person augenblicklich das Rückenmark gefriert. Die Frage bedeutet nicht, dass derjenige etwas akustisch nicht verstanden hat und noch einmal nachfragt. Es wurde akustisch sehr wohl verstanden, was gesagt oder vorgeschlagen wurde. Doch nun will der Fragende sicherstellen, dass jeder Anwesende alles stehen und liegen lässt und zuhört, wie sich der Adressierte aus der Situation zu wurschteln versucht – sehr zum Leid seiner Unterstützer und zur Belustigung seiner Feinde.

Ein im ersten Moment sanft wirkender Satz entpuppt sich bei genauerer Betrachtung als genau die Kehrseite dessen, was er ausdrückt.

Ist schon okay!

Das heißt alles, nur eines nicht: dass es okay ist. Das ist der Augenblick, in dem Mann realisiert, dass er Mist gebaut hat. Er weiß zwar nicht, was und warum genau, aber nun gilt es, alle Mittel einzusetzen, um ihre Verstimmung aufzuhellen. Es dürfen keine Mittel gescheut und keine Bemühungen unterlassen werden. Und Mann darf bloß nicht auf die Idee kommen, „Aber du hast doch gesagt, es ist okay!?" zu kontern, denn das zeugt von der absoluten Beziehungsunfähigkeit dieses männlichen Exemplars. Und dann ist es überhaupt aus. Mann akzeptiert das Schicksal, brabbelt die drei Worte, die Frauen am liebsten hören:

Ich bin schuld!,

gefolgt von drei weiteren Worten, die Frauen gern hören:

Du hast recht!

und trottet die nächsten Tage in ihrer Nähe mit hängenden Schultern und sonstigen Anzeichen eines schuldbewussten Verhaltens umher.

46. Kunstgriff: Es ist deine Entscheidung

Ich habe das Programm nicht ganz fertigspielen müssen, die Leute sind nämlich vorher gegangen. Und ich war total deprimiert. Aber die Leute vom Kabarett haben mir auf die Schulter geklopft und gesagt, „Josef, kränk dich nicht, morgen wird's besser!" Und ich habe gesagt, „Glaubt's ihr wirklich?" „Du, sicher! Morgen wirst du da nämlich nicht mehr spielen!"

Josef Hader, „Privat"

Wird einem von einer höheren Instanz – wie der eigenen Partnerin – das Privileg der Entscheidungsfreiheit verliehen, weiß Mann, was zu tun ist: Ihre Entscheidung ist zu wählen. Das kann man frei akzeptieren oder nicht. Dann muss Mann allerdings konsequenterweise miserabel weiterleben. Der Satz

Es ist ja deine Entscheidung!

kommt nicht mit einem wohlwollenden Lächeln, sondern oft nur zwischen zusammengepressten Lippen hervor. Etwas, das von Männern im Eifer der Debatte leicht übersehen wird. Weder hat man nun freie Wahl noch kann man die Situation retten. Denn ist die Debatte einmal so weit eskaliert, dass dieser Satz fällt, dann ist es egal, wie die Entscheidung aussieht. Mann wird dafür zur Rechenschaft gezogen werden.

Offensichtlicher ist der Satz, der eine offene Drohung ist:

Nur zu!

Er provoziert geradezu, es zu wagen, aber die Konsequenzen sind im Voraus klar. Es wird übel enden.

Im beruflichen Umfeld hat dieser Satz ähnliche Sprengkraft wie im privaten, die Auswirkung wird aber oft nicht erkannt. Stimmt man als Managerin wegen der weiteren Vorgehensweise nicht mit dem Mitarbeiter überein oder droht die Debatte an einen toten Punkt zu gelangen, dann ist der Moment reif, diesen Satz in die Stille zu werfen:

Es ist ihre Entscheidung, Herr Kollege!

Niemand rechnet damit im Firmenumfeld, deshalb nimmt der Herr Kollege dies wörtlich. Er entscheidet sich für seine Vorgehensweise und damit auch für seinen Untergang. Diesen Moment vergisst die Managerin natürlich nicht und wird den Mitarbeiter in sein Unglück hineinreiten lassen. Wenn es kommt, wie es kommen muss – mit ein bisschen Nachhelfen der Managerin –, und der Misserfolg deutlich wird, dann ist mit Gnade nicht zu rechnen.

Es war Ihre Entscheidung, Herr Kollege. Aber Sie wollten ja nicht auf mich hören.

47. Kunstgriff: Schauen wir mal

Warum sollte ich etwas auf die lange Bank schieben, das ich gleich unter den Teppich kehren kann?

Peter E. Schumacher

In den 1970er-Jahren waren Atomkraftwerke der letzte Schrei. Jedes Land wollte Atom-Supermacht werden und seinen Strom aus dem Zerfall radioaktiver Elemente beziehen. So auch ein kleines Land an der Donau, das sich immer noch als Nabel der Welt betrachtet, auch wenn die damalige Größe schon lange verloren gegangen ist. Ich spreche natürlich von Österreich. Folgerichtig genehmigte die Regierung den Bau eines Kernkraftwerks in einer kleinen Gemeinde namens Zwentendorf. Kaum beschlossen, begannen sich Protest zu regen, der mit den Jahren an Stärke zunahm. 1978 kam es zum großen Showdown. Das Kernkraftwerk, mittlerweile schlüsselfertig, wartete auf die Ankunft der Brennstäbe. Die Bevölkerung wartete nicht mehr und initiierte ein Volksbegehren, um über die Inbetriebnahme abzustimmen. Es fiel knapp aus, aber dennoch sagte die Mehrheit „Nein" zum Kernkraftwerk. Die Regierung, für die das Resultat eines Volksbegehrens nur eine Empfehlung ist, nahm sich Bedenkzeit und sagte:

Schauen wir mal ...

Mehr als 40 Jahre später schauen wir immer noch und das Kernkraftwerk ist mittlerweile anderen Verwendungszwecken zugeführt worden. Merke: Nichts hält länger als ein Provisorium.

Will man eine Idee nicht gleich schlachten, sondern mit der Zeit altern lassen, bis sie eines natürlichen Todes stirbt, dann kommt der Satz „Schauen wir mal ..." wie gerufen. Was wir dabei genau „schauen", können wir bewusst im Unklaren lassen. Im Begriff „Schauen" steckt nämlich auch „Denken", „Abwägen", „Nachsinnen", „Grübeln", „Reflektieren" ... vor allem über Gründe, die dagegensprechen. Mehr Zeit, mehr Gründe. Und diese Gründe müssen nie mitgeteilt werden, denn wir „schauen" noch immer.

48. Kunstgriff: Über die Person hinweg über sie sprechen

„Sie können mir glauben", versicherte ein Arzt einem unruhigen Patien-
ten, „diese Beruhigungsdroge ist hochwirksam, hilft sie doch sogar mir,
ihre gelegentliche Anwesenheit zu ertragen."

Martin Gerhard Reisenberg

In Spielfilmen kommt gelegentlich ein Antagonist oder eine Antagonistin vor, der als machtgeiler Politiker oder gefürchtete Chefin eines
erfolgreichen Unternehmens mit unserem armen Helden oder unserer armen Heldin zusammentrifft. Alles hängt von diesem Treffen ab
und nachdem unsere Protagonistin ein Schussel ist, geht alles schief.
Sie stottert, stolpert, schlittert oder schwitzt vor der wichtigen Persönlichkeit und steht kurz davor, zu scheitern oder mit einem großen
Scheppern zu zerschellen. In diesem Moment wendet sich die wichtige Persönlichkeit an die ihr zur Seite stehenden Untergebenen und
spricht laut aus:

Versteht jemand, was diese Person eigentlich will?

Wichtig ist, dass ein Erklärungsversuch durch unsere Heldin ignoriert
wird. Sie wird nun gekonnt ignoriert. Egal, welche Entschuldigungen
oder Erklärungen sie vorbringt, alles wird geflissentlich überhört,
während die wichtige Persönlichkeit mit den anderen Umstehenden
über die Heldin hinweg über sie spricht. Das ist der Moment, in dem
die Großzügigkeit der Antagonistin und wie sie von unserer Heldin
schamlos missbraucht wurde, mit eifrig zustimmendem Nicken der
Untertanen herausgestrichen werden kann.

Da widme ich ihr großzügig einen Platz in meinem vollen Ter-
minkalender und dann verschwende ich dafür meine wertvolle
Zeit?

Für die Assistenten kann das Missfallen der wichtigen Persönlichkeit
zum Problem werden, wenn die Frage nach einem Schuldigen folgt:

Wer hat diese Person eigentlich reingelassen?

Dieser Kunstgriff unterscheidet sich insofern vom *2. Kunstgriff: „Ein-*
fach ignorieren", da die Existenz der Person zwar anerkannt wird,
jedoch niemand direkt mit ihr spricht. Stattdessen diskutieren die
anderen untereinander über die Motivation der Person, ohne sie selbst
direkt in die Diskussion einzubeziehen, obwohl sie vor einem steht
– oder wenn sie gestolpert ist, vor einem liegt. Das macht es einfacher,
über die Person hinweg zu sprechen.

Eskalationsstufe X: Atomschlag

Ein Präsident ist wie ein Friedhofsverwalter.
Er hat eine Menge Leute unter sich, aber keiner hört zu.

Bill Clinton

Wir kommen zur letzten Eskalationsstufe, die kein Zurück mehr
gestattet, sobald man sie einmal erreicht hat. Mit diesen Kunstgriffen
brennen wir nicht nur einfach Brücken ab, nein. Im überquerten Fluss
fließt dann sicherlich kein Wasser mehr, sondern Lava. Die eigene
Anhängerschaft muss dabei so fanatisch sein, dass selbst die Über-
schreitung einer heiligen Grenze für sie kein Grund ist, nicht an uns
zu glauben. Oder sie sind schon so kaputt, dass es auch schon egal ist.

49. Kunstgriff:
In die Schranken weisen

Der Tadel ist die Steuer, die ein Mann für seine Bedeutung an die Öffentlichkeit zahlt.

Jonathan Swift

Ich lasse jemanden gegen die Wand laufen, nein, rennen. Ich lasse jemanden ins offene Messer laufen. Meine ausgestreckte Faust wird seinem Gesicht im Weg sein und als Ergebnis greift seine Zahnbürste morgen ins Leere. Man muss nicht gleich mit physischer Gewalt drohen, aber mit starken Worten, die keinen Interpretationsspielraum mehr lassen.

Wie sich das in der praktischen Anwendung ausprägen kann, zeigten die Chatprotokolle konservativer Politiker und deren Pharisäern (wie sie sich selbst nannten), die unter dem österreichischen Bundeskanzler Sebastian Kurz Beamte gefügig machten. Als ein Unternehmer wegen Steuerschulden bei seinen konservativen Politikerkontakten anfragte, ob sie nicht im Finanzamt den Leuten die Waden nach vorne richten – Pardon, ein gutes Wort einlegen – können, wandte sich der damals höchste Beamte des Finanzministeriums sofort hilfsbereit und mit den entsprechend motivierenden Worten an den zuständigen Kabinettsmitarbeiter:

Du bist die Hure für die Reichen!

Angesichts der Höhe des Steuerschulderlasses, es wird von Millionen gesprochen, war das doch eher eine Edelprostituierte. Diese Wortwahl kennt man vor allem aus Filmen im Verbrechermilieu. Die Brücken, die man damit abbricht, führen zu einem vorhersehbar schrecklichen Ende für den Anführer der kriminellen Vereinigung. Wenn der Boss der Bande jemanden in die Schranken weist, manifestiert sich das nämlich gern in einem abgeschnittenen Finger, einer Geiselnahme, der Auslöschung seiner Familie oder in Bildern des Erpressten, die ihn an den Pranger stellen.

Ich bin mir sicher, diese Bilder würden Ihnen in den falschen Händen einige Unannehmlichkeit bereiten.

Nicht immer wird dieser Kunstgriff ernst genommen. Stellen Sie sich vor, Sie sind in einem zwielichtigen Geschäftsfeld tätig – Drogenhandel, Geflügelschlachterei, Krypto, was auch immer – und Sie kommen in den Besitz von etwas sehr Wertvollem für eine andere Person. Derjenige ruft Sie schließlich an und sagt:

Ich weiß nicht, wer Sie sind. Ich weiß nicht, was Sie wollen. Wenn Sie Lösegeld wollen, kann ich Ihnen sagen, dass ich kein Geld habe. Aber was ich habe, sind ganz besondere Fähigkeiten. Fähigkeiten, die ich in einer sehr langen Karriere erworben habe. Fähigkeiten, die mich zu einem Alptraum für Leute wie Sie machen. Wenn Sie meine Tochter jetzt gehen lassen, ist das das Ende. Ich werde nicht nach Ihnen suchen. Ich werde Sie nicht verfolgen. Aber wenn Sie es nicht tun, werde ich nach Ihnen suchen, ich werde Sie finden und ich werde Sie töten.

Die richtige Antwort wäre nicht „Viel Glück" gewesen, wie der Entführer unvorsichtigerweise antwortete, sondern eine, die ihn nicht gegen die Wand hätte laufen lassen, wie wir im Film „96 Hours" in 93 Minuten erleben.

**50. Kunstgriff:
In die unterste
Schublade greifen**

*Bei so vielen Schubladen, wie wir Menschen sie unterhalten, sind Socken
garantiert nicht das Einzige, was verloren geht.*

Katja Vogt

Der Meister aller Klassen, der Grand Champion des Untergriffs, der
Primus der Blutgrätsche auf Lebenszeit ist zweifelsohne Donald Trump,
der 45. Präsident der Vereinigten Staaten. Was dieser Mann für die
Weiterentwicklung von Totschlagargumenten geleistet hat, werden
wir erst in den kommenden Jahrzehnten wirklich zu schätzen lernen.

Analysieren wir doch nur stellvertretend diesen einen Satz, den er
nach einem Interview mit der *Fox News*-Moderatorin Megyn Kelly
von sich gab. Er, Trump, war nicht ganz geschickt in seinen Antworten auf die Fragen des ihm eigentlich freundlich gesonnenen Fern-
sehsenders gewesen. Und er, Trump, interpretierte das in seiner Art
sofort als persönlichen Rachefeldzug.

*Sie geht da raus und fängt an, mir alle möglichen lächerlichen
Fragen zu stellen, und man konnte sehen, dass ihr Blut aus
den Augen kam, Blut aus ihrer ... wo auch immer.*

Tja, Frauen und ihre Monatszyklen. Was jeden anderen Politiker das
Amt und Manager den Job gekostet hätte, hatte hier den umgekehrten
Effekt. Anstatt sich zu weigern, mit Trump Interviews zu führen, gab
sich Kelly vor dem Präsidenten unterwürfig und stellte in den nächsten Interviews streichelweiche Fragen. Und seine Fans glaubten noch
fester an ihn.

Man sieht schon, es kann sich nicht jeder erlauben, diesen Kunstgriff anzuwenden. Er erfordert nämlich ein zusätzliches Detail. Es

gilt, belastendes Material über den Gegner zu sammeln, damit eine Akte mit schmutzigen Details erstellt werden kann. Diese kann im geeigneten Moment hervorgeholt werden, um eine unvorsichtige Reaktion des Gegenübers im Keim zu ersticken und ihn gefügig zu machen.

Diese als Oppositionsforschung bekannte Methode ist nicht nur bei kriminellen Organisationen sehr beliebt, sondern auch in Politikerkreisen, um Einfluss ausüben zu können. Sie erfordert auch, buchstäblich Schubladen mit dem belastenden Material zu füllen und diese aktuell zu halten. Solchen Aufwand kann sich eben nur jemand mit den entsprechenden Ressourcen leisten. Ein Kunstgriff für den echten „Ich kann es mir leisten"-Typ.

BONUS-KUNSTGRIFFE

Die falsche Bescheidenheit ist der letzte Kunstgriff der Eitelkeit.

Jean de La Bruyère

Die als Bonus folgenden Kunstgriffe eignen sich nicht für jedermann. Sie verlangen entweder eine gewisse Lebenseinstellung, den entsprechenden Stammbaum oder das Ergreifen einer bestimmten Berufsgruppe.

1. Kunstgriff: Dialekt und Ethnolekt

Dabei sind Enten wichtige Tiere für Senioren. Von denen kommen ja angeblich die Federbetten, die Daunenkissen, die Flügelhemden ... ja doch, und die Schnabeltassen.

Bülent Ceylan

Gelegentlich hilft eine gewisse ethnische Würze, um Killerphrasen die gewisse Schärfe zu verleihen. Dieses „Scharf mit alles" finden wir in dafür berüchtigten Vierteln in fast jeder Stadt gebrauchsfertig vor, wir müssen einzig und allein unsere Ohren spitzen. In Berlin beispielsweise begegnen wir an den richtigen Orten dem sogenannten Kiezdeutsch, an dem wir Anteil haben und Anleihen nehmen können. Doch man muss aufpassen, wie und gegen wen diese Würze angewandt wird. Hier ein Beispiel, um das zu illustrieren:

Aldaa, isch weiß, wo Bett von dir schläft![22]

Nehmen wir die Bedrohung wahr, die hier drinsteckt? Jemand, der noch nie Umgang mit Vertretern von Kiezdeutsch hatte, wohl kaum.[23] Auf Hochdeutsch würden wir das wohl in der Form von „Hören Sie, ich weiß, wo Sie wohnen" ausdrücken, die uns darauf hinweisen soll, dass wir besser vorsichtig sein sollen, denn man kenne unsere Adresse und könne uns dort auflauern.

Variationen der deutschen Sprache wie Kiezdeutsch, Türkensprache oder Kanak Sprak sind ethnische Dialekte, die in der Sprachforschung unter dem Sammelbegriff Ethnolekt vereint werden. In ihnen wurden ursprünglich die Satzstrukturen der Sprache des Herkunftslandes von Migrantenfamilien mit der Sprache des Aufenthaltslandes vermengt, doch seit einigen Jahren geht Kiezdeutsch auch deutschen Jugendlichen gekonnt von der Zunge. Zugleich werden in kreativer Form Verkürzungen und Betonungen eingebaut, die deutschen Muttersprachlern fremd und als falsches Deutsch erscheinen mögen.

Damit kann die Wirkung bei den Menschen, die dem Ethnolekt nicht bewandert sind, völlig verpuffen, wie folgender Satz zeigt:

Ey, ich mach dich Messa![24]

Würden Sie erkennen, dass Ihr Argument mit einer Drohung durch einen Messerstich abgeschnitten wird? Es ist im wahrsten Sinne des Wortes eine Killerphrase, ein Totschlagargument.

Umgekehrt können Argumente unter der gekonnten Anwendung des Ethnolekts durch Menschen ohne Migrationshintergrund Respekt bei Menschen mit Migrationshintergrund erzeugen. Eine im Raum stehende Aggression kann damit getreu dem Motto „Der ist kein Schnösel, der spricht wie ich" entschärft und eine Diskussion im Keim erstickt werden. Sollte es ein anderer Fahrgast mit offensichtlich migrantischem Hintergrund in der Berliner U-Bahn wagen, einen selbst, der keinen solchen Hintergrund hat, zu lange anzustarren, dann kann folgender Satz Wunder wirken:

Was guckst du? Bin ich Kino?

Hört er nicht auf zu starren, dann setze man mit einer Unterstellung nach:

Bissu schwul oda was?[25]

Eine weitere Möglichkeit ist, Familienmitglieder und Freunde miteinzubeziehen:

Hassu Brohblem? Guk net, sons hol isch meine Brüda![26]

Als Beispiel zur Verdeutlichung der Situation dient hier ein Witz aus
dem alten Wien:

Ein Fiaker ist auf der Ringstraße unterwegs, als plötzlich ein
feiner Herr in Frack, Zylinder und einem eleganten Spazier-
stock die Straße kreuzt und den Fiaker zu einer unvermittelten
Bremsung nötigt. Der Fiaker richtet sich auf seinem Kutsch-
bock auf und schreit empört: „Hean's, Sie Blindschleich! Hab'n
S' Paradeiser auf d'Aug'n? Se miaß'n ja a Sprung in da Schissel
hab'n, wann'S da hatsch'n, ois wann'S allanich auf dera Wöd
warat'n. Des nächste Mal kriagn S' a Ohrenreiberl, dass eahna
nachher da Schädl nua so wackelt!" Der feine Herr wendet sich
um, droht mit dem Spazierstock und ruft zurück: „Hoit' de
Papp'n, oder i frisier' da d' Gosch'n und beut'l di aus'm G'waund.
Da kannst deine Bana nummerieren und nachher z'saum-
sammeln, du Huafeisenschlecker, du!" Er geht weiter. Der Fia-
ker schaut verdutzt, setzt sich wieder auf seinen Kutschbock,
richtet sein Gilet zurecht und sagt bewundernd: „Es gibt doch
no' echte feine Herrn."[1]

---

[1] Auf Deutsch: [...] „Hören Sie, Sie Blindschleiche! Haben Sie Tomaten auf den Augen?
Sie müssen ja einen Sprung in der Schüssel haben, wenn Sie so rumlaufen, als wären
Sie allein auf der Welt! Das nächste Mal kriegen Sie eine Schelle, dass Ihnen der
Schädel nur so wackelt!" Der feine Herr dreht sich um, droht mit dem Spazierstock
und ruft: „Halt doch du dein Maul oder ich frisier' dir deine Gosche und schlag
dich aus deinem Gewand! Dann kannst du deine Beine nummerieren und nachher
zusammensammeln, du Hufeisenschlecker, du!" [...]

Ein ähnliches Verhalten schildert der Komiker Trevor Noah in seinem Buch „Born a Crime". Als Kind einer schwarzen Südafrikanerin und eines Schweizers war er für andere Afrikaner nicht immer einfach „einzuordnen". Ist er schwarz oder weiß? Als er eines Tages als junger Mann durch die Straßen ging, wurde er von ein paar jungen Männern verfolgt, die auf Zulu miteinander besprachen, wie sie den „Weißen" da nun berauben würden. Trevor, der acht Sprachen beherrscht, verstand alles und wusste nicht, was er tun sollte. So drehte er sich um und antwortete seinen Verfolgern auf Zulu: „Hey Leute, warum überfallen wir nicht einfach zusammen jemanden? Ich bin bereit. Lasst es uns tun!" Die jungen Männer waren zuerst baff, dann amüsiert und entschuldigten sich bei ihm. Sie hätten nicht gewusst, dass er „einer von ihnen" wäre. Sie wünschten ihm einen guten Tag und ließen von ihm ab.

Das ethnolektische Argument kann auch bewusst vage gehalten werden, sodass es das Gegenüber verwirrt und damit die Bedrohung an Kraft gewinnt. Das kann durch die in der Hitze der Diskussion gelegentlich irrtümlich, oft aber auch gezielt falsche Anwendung von Fremdwörtern erzielt werden:

> *Ey, produzier mich nich Alda, isch schwöare, sonst werd isch gleich attraktiv!*[27]

Jemand, der so etwas sagt, erweckt rasch den Eindruck, nicht ganz dicht zu sein, und erscheint dadurch gefährlicher. Das Ergebnis: Unser Gegenüber macht sich lieber aus dem Staub. Metaphernliebhabern seien einige weitere Drohungen mit entzückenden Wortspielen ans Herzen gelegt:

> *Ey, ich weiß wo dein Klo tut scheißen!*
> *Isch machen disch Kartoffelpuffa!*
> *Ey Alda isch mach disch Krankehaus!*[28]

Und um jemanden mitzuteilen, was man von ihm hält, kann die eigene Vorliebe für Kunst und Kultur einbezogen werden:

Ey Alda deine Biografie kann man Toy Story nennen. [29]

Auch Autoritäten können durch den ethnischen Hintergrund der „amtsbehandelten" Person und den damit vorauseilenden Ruf zur Verunsicherung gebracht werden. Eine Routinekontrolle der Polizei bei Autofahrern führt dann schon mal schnell zur Aussage:

Ey, Sie haben mich sicher nur angehalten, weil ich Ausländer bin!

2. Kunstgriff: Märchenstunde

Tischlein deck dich. Im Märchen steht nichts vom Abräumen und Abwaschen.

Walter Ludin

Genau genommen sind die meisten Märchen in Geschichten verpackte Totschlagargumente. Nur werden sie hier nicht so genannt, sondern als „Geschichten mit Moral" angepriesen, die der „jungen Generation Lebensweisheiten" mitgeben sollen. Das ist natürlich Bullshit, denn wären die Märchen tatsächlich Übermittler von konsequenten Lebensweisheiten, dann gäbe es nicht diese vielen Widersprüche in ihrer Moral.

> **Mutter:** *Du willst ausgehen? Schau, was Rotkäppchen passiert ist! Die wurde vom Wolf gefressen!*
> **Tochter:** *Aber Mama, Aschenputtel ging auch aus und sie angelte sich den Prinzen.*
> **Mutter:** *Und was war mit Arielle? Diese Meerjungfrau hat sich für ihren Herrn Prinzen die Flossen zu Beinen machen lassen und was ist geschehen? Er ist zu einer anderen gegangen, die für ihn die Beine gespreizt hat!*

Wir sehen also: Zu jedem Märchen gibt es ein Gegenmärchen. Wie schon dieser Dualismus auch bei Volksweisheiten und Sprichwörtern weit verbreitet ist.

Gleich und Gleich gesellt sich gern! vs. Gegensätze ziehen sich an!
In der Ruhe liegt die Kraft! vs. Wer rastet, der rostet!
Wer sich in Gefahr begibt, kommt darin um! vs. Wer nicht wagt, der nicht gewinnt!

Verwirrend für die einen, eben deswegen perfekt für unsere Zwecke. Egal welcher Vorschlag kommt, wir haben immer die jeweils gegenteilige Version der Killergeschichte parat. Neben den Märchen und den Sprichwörtern sind im Laufe der Jahrzehnte aktuellere Erzählungen entstanden, sodass unser Fundus immer umfangreicher wird.

Heinrich Hoffmans lustige Geschichten und drollige Bilder sind Formen aggressiver Aggressivität, um seinen Argumenten Gewicht zu verleihen. Im Struwwelpeter begegnen wir widerspenstigen Kindern, die böse endeten, weil sie nicht den liebevollen Hinweisen der Eltern folgten. Der böse Friederich, der Tiere neckte und folgerichtig vom Hund gebissen wurde. Paulinchen, das meinte, das Spielen mit Streichhölzern sei ein guter Zeitvertreib – und dann verbrannte. Konrad, der Daumenlutscher, dem der Schneider die Daumen abschnitt. Suppenkaspar, Zappelphilipp und auch Wilhelm Buschs Reigen an bösen Buben, beginnend bei Max und endend bei Moritz, helfen dabei, Debatten mit der eigenen Brut siegreich zu beenden. Niemanden wird überraschen, dass ausgerechnet hier die Nationalsozialisten und die AfD ihren Anfang nahmen.

Auch in asiatischen Kulturen sind solche von den Eltern gegen Kinder gerichtete Aggressionen gute Totschlagargumente. Wenn ein Kind in Laos nicht aufessen will, dann wählt die Mutter die aufmunternden Worte:

Wenn du nicht aufisst, dann spalte ich deinen Kopf und leere das Essen rein.

Solche Konstrukte mit subtilen Hinweisen zu den Auswirkungen kindlichen Starrsinns helfen Erwachsenen, die Klippen zu umschiffen, die auf der langen Reise des Aufziehens von triebgesteuerten Kindern zu funktionierenden Erwachsenen auftauchen.

3. Kunstgriff: Beziehungsende

Beziehungen halten einfach nicht mehr. Wenn ich einen Mann kennenlerne, ist die erste Frage, die ich mir stelle, „Ist das der Mann, mit dem ich meine Kinder ihre Wochenenden verbringen lassen will?"

Rita Rudner

Wie katapultiert man den Partner ins endgültige Abseits? Die Zeitschrift *Katapult* erstellte eine Übersicht der landestypischen Killerphrasen, mit der Beziehungen beendet werden. [30] Universell bekannt ist die Phrase

Ich geh nur kurz Zigaretten holen.

Die Bayern, der Biernabel der Welt, machen Schluss mit Referenzen auf Getränke und deren Alkoholgehalt sowie deren Eignung zum Bewegen eines Transportmittels und dem Hervorbringen eines Bäuerchens:

Hier hast du ein kleines alkoholfreies Radler!
Ohne Kohlensäure ...

Auch die Rheinland-Pfälzer metaphorisieren ihr Beziehungsende mit Flüssigkeiten:

Schorle kannste alleine trinken!

Die Hanseaten sind eher wortkarg und wenig gesellig. Ein einfaches

Tschüss!

genügt beispielsweise den Hamburgern, um sich vom gemeinsamen Tisch und Bett zu trennen. Auch die Sachsen genügen sich mit einem

Jut!

Brandenburger sind etwas redseliger, dort wird eine Reiseabsicht geäußert:

Ich denk, ich zieh nach Berlin!

Für Brandenburger ist das wie ein Umzug auf einen anderen Stern, so fremd ist ihnen Berlin. Für Städter wiederum befremdlich klingt die von der lokalen Wirtschaft inspirierte saarländische gebräuchliche Aufforderung:

Dein Traktor muss von unserem Acker!

Sind die Brandenburger, Saarländer und Bayern noch recht geschwätzig, so fordern die Wiener den Partner zu einem leisen Abgang auf:

Schleich di!

Züricher hingegen machen Schluss, indem sie ihren Umzug ins Zürcher Unterland bekanntgeben. Denn das ist bekanntlich keine Region, sondern ein Gefühl, wie die Schweizer Kabarettistin und Beziehungs-Beendigungs-Expertin Hazel Brugger weiß. Sie schlägt übrigens keine gesprochenen, sondern geschriebene Worte zum Beenden vor. Zum Beispiel anhand einer Postkarte – dem Twitter der Urzeiten – und einem Zweizeiler mit vertauschten Satzenden: [31]

Das Wetter ist hier,
ich wünschte, du wärst schön.

SCHLUSS-PLÄDOYER

53 Kunstgriffe, die nur darauf warten, auf einen Debattengegner losgelassen zu werden, vor allem, wenn dieser Ideen hat. Diese anzuwenden fällt nicht immer leicht. Manchmal, selten aber doch, sympathisiert man sogar mit seinem Gegenüber. Doch wir wissen, dass Ideen der Keim allen Übels sind. Mit diesem Wissen tragen wir Verantwortung, uns und unsere Zeitgenossen vor deren Gefahren zu schützen.

Nicht alle werden unsere Arbeit schätzen, zumindest nicht von Anfang an. Aber wir sind nicht so naiv. Denn Killerphrasen sind wie eine Impfung: Sie tun einmal kurz weh, schützen uns aber auf lange Zeit vor weiteren Attacken auf unser eingespieltes System. Ein Triumph der Sprachwissenschaften.

Und damit sind Sie auch schon am Ende dieses Büchleins mit Kunstgriffen zu Totschlagargumenten angekommen. Lassen sie mich Ihnen applaudieren:

Bravo! Bravo! Dass Sie einmal etwas zu Ende bringen, lässt Ihr Lebenslauf so gar nicht vermuten.

LITERATUR UND REFERENZEN

1   Albert Richter: Bilder aus der Deutschen Kulturgeschichte, Leipzig, 1882
2   Nicolas Berggruen on the Dynamics of Power, Wisdom, and Ideas in the Age of AI, https://futureoflife.org/2021/05/31/nicolas-berggruen-on-the-dynamics-of-power-wisdom-and-ideas-in-the-age-of-ai/
3   The basic laws of human stupidity, http://harmful.cat-v.org/people/basic-laws-of-human-stupidity/
4   http://www.rhetorik.ch/TTT/TTT.html
5   https://twitter.com/Joanalistin/status/1475514937497862153
6   https://twitter.com/RealSexyCyborg/status/1470495068973039618
7   Flix, Schöne Töchter, Carlsen Verlag, Hamburg 2015
8   Donald Trump's Rambling Sentence on July 21, 2015 – https://www.youtube.com/watch?v=Elhyo-_fR0E
9   Maxi Böhm's Lach-Party, Fontana, 1970
10 Helmut Lohner und Otto Schenk in „Auf den Flügeln des Gesanges" von Hugo Paul Kiralyhegyi und Georg Kövary
11 Frans de Waal: Mama's last Hug, W. W. Norton & Company, 2019
12 Laut dem österreichischen Schriftsteller Friedrich Torberg, der seinerseits Stammgast in der Wiener Zuckerbäckerei-Institution Demel gewesen war, ist das gar keine Diskussion: Die „Aprikotierung" sei nur auf dem Kuchenboden, nicht aber dazwischen zulässig.
13 Ian Leslie, Curious: The Desire to Know and Why. Your Future Depends on it, Basic Books, 2014

14 Dieser Satz wurde auf einer Veranstaltung zu Innovation und Digitalisierung von einer Teilnehmerin vorgebracht, als es um Google Street View ging.

15 https://tvthek.orf.at/history/Die-Aera-Kreisky/6284171/Kreisky-LernenS-ein-bissl-Geschichte/6565177

16 ORF ZIB2 vom 6. Oktober 2021

17 https://de.wikipedia.org/wiki/Nackt_und_zerfleischt

18 Die in Toronto beheimatete Autorin und Feministin Anne Thériault auf Twitter – https://twitter.com/anne_theriault/status/961752950795325445

19 Too Many Toys, The Morning Journal-Courier, 3. Januar 1907, Seite 9 https://www.newspapers.com/clip/65933013/the-morning-journal-courier/#

20 Teddy Bear is a Menace to Nation; Telegraph Herald, Dubuque (Iowa), 8. Juli 1907.

21 „They want to throw God's wonderful breathing system out" – https://www.bbc.com/news/av/world-us-canada-53174415

22 Türkendeutsch https://dewiki.de/Satire-1/T%C3%BCrkendeutsch

23 Kiezdeutsch https://de.wikipedia.org/wiki/Kiezdeutsch

24 Ebd.

25 Ebd.

26 Ebd.

27 Ebd.

28 Ebd.

29 Ebd.

30 Katapult 2021 https://www.facebook.com/KatapultM/photos/a.1598478810368866/2951516498398417/

31 https://rp-online.de/nrw/staedte/viersen/hazel-bruggers-auftritt-in-viersen-so-gut-ist-boese_aid-34615505

DR. MARIO HERGER

SORRY

NOT SORRY

Die Kunst,
wie man sich nicht
entschuldigt

48 Kunstgriffe
für Minister, Manager und Mistkerle,
die Scheiße gebaut haben und
nun die Aufregung nicht verstehen.

160 Seiten
broschiert
14,90 € (D) / 15,40 € (A)
ISBN: 978-3-86470-783-4

Dr. Mario Herger:
Sorry not sorry

Die Kunst, wie man sich nicht entschuldigt, ist ein hehres Gut.
Politiker, Manager und viele andere Persönlichkeiten des öffentlichen Lebens beherrschen sie in Perfektion. Mit einem Augenzwin-
kern und viel Humor vereint Mario Herger in „Sorry not sorry!"
kompakt alle Tricks und Taktiken der Nicht-Entschuldigung.
Herausgekommen sind 48 Kunstgriffe, sich selbst und das eigene
Versagen in einem besseren Licht dastehen zu lassen. Lernen Sie
von den Besten und werden auch Sie ein Meister darin, sich nicht zu
entschuldigen.

BOOKS4SUCCESS

Dr. Mario Herger

Future Angst

Wie wir von Innovationsvorreitern zu Innovationsnachzüglern wurden und wie wir die German Angst überwinden

528 Seiten
broschiert
22,90 [D] / 23,60 [A]
ISBN: 978-3-86470-771-1

Dr. Mario Herger: Future Angst

Welche Maßnahmen müssen wir ergreifen, um neue Technologien nicht als etwas Beängstigendes und Feindseliges zu betrachten, sondern als ein Mittel zur Lösung der großen Probleme der Menschheit? Innovationsexperte Dr. Mario Herger stellt in „Future Angst" diese und andere entscheidende Fragen in Bezug auf Technologie und Fortschritt und zeigt professionelle und zukunftsweisende Lösungen auf. Mit seinem Appell „Design the Future" bietet Herger einen unkonventionellen und transformativen Ansatz für ein neues, human geprägtes Mindset.

PLASSEN
VERLAG

400 Seiten,
Taschenbuch,
12,90 [D] / 13,30 [A]
ISBN: 978-3-86470-683-7

Dr. Mario Herger:
Das Silicon-Valley-Mindset

Das Silicon Valley ist der Innovationsmotor schlechthin. Doch was macht diese Region zu etwas Besonderem? Dr. Mario Herger, der seit 2001 dort lebt und arbeitet, weiß: Die Innovationsmentalität aus dem Silicon Valley ist erlernbar. Anhand von Interviews und Schritt-für-Schritt-Anleitungen zeigt er, wie sie mit den eigenen Stärken kombiniert werden kann.

PLASSEN
VERLAG

304 Seiten,
gebunden mit SU,
24,99 [D] / 25,70 [A]
ISBN: 978-3-86470-649-3

Dr. Mario Herger:
Wenn Affen von Affen lernen

Innovationsexperte Dr. Mario Herger verdeutlicht die vielfältigen Chancen und die positiven Auswirkungen von KI auf alle Aspekte des gesellschaftlichen und wirtschaftlichen Lebens. Spannende Gespräche mit KI-Vordenkern und KI-Praktikern aus dem Silicon Valley vermitteln dem Leser wertvolle neue Erkenntnisse und Mindsets. Ein unentbehrlicher KI-Ratgeber für Gegenwart und Zukunft!

512 Seiten,
gebunden mit SU,
24,99 [D] / 25,70 [A]
ISBN: 978-3-86470-538-0

Dr. Mario Herger:
Der letzte Führerscheinneuling

Feierabend. Bei Uber einen selbstfahrenden Tesla bestellt, der mich am Büro abholt, nach Hause bringt und davonfährt. Was bedeutet die Kombination aus autonomem Fahren, Elektromobilität und Sharing Economy für Taxifahrer und Lkw-Fahrer, Arbeiter bei VW und BMW, Betreiber von Parkhäusern? Wie sehen die Städte der Zukunft aus und welche Herausforderungen bringen sie mit sich?

PLASSEN
VERLAG